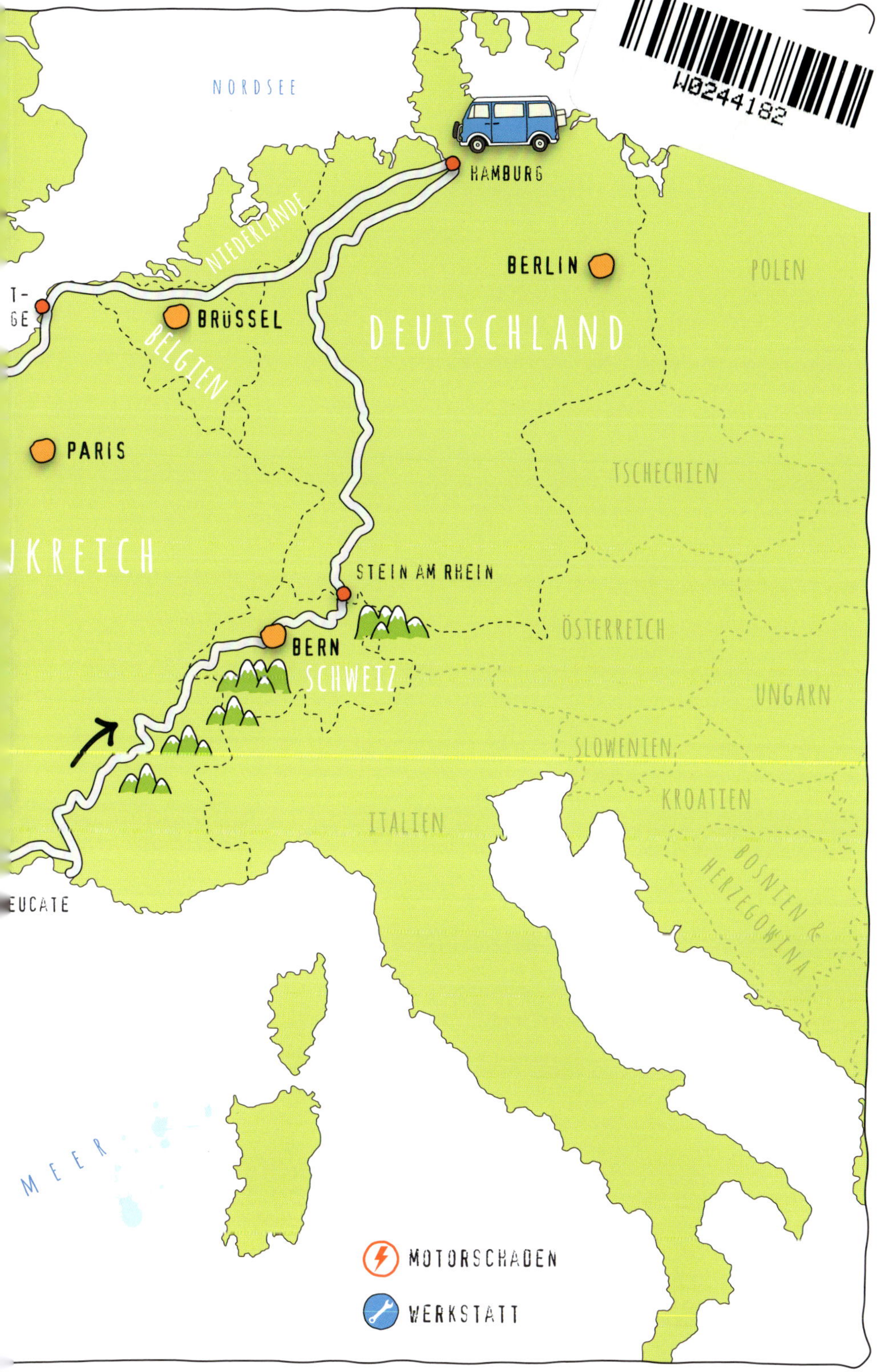

NORDSEE
HAMBURG
NIEDERLANDE
BERLIN
POLEN
BRÜSSEL
DEUTSCHLAND
BELGIEN
PARIS
TSCHECHIEN
KREICH
STEIN AM RHEIN
ÖSTERREICH
BERN
SCHWEIZ
UNGARN
SLOWENIEN
KROATIEN
ITALIEN
BOSNIEN & HERZEGOWINA
EUCATE
MEER
MOTORSCHADEN
WERKSTATT

DELIUS KLASING

MARTIN RÖHRIG

SCHRAUBEN. SCHLAFEN. SURFEN.

MEIN BULLI SABBATICAL AM ATLANTIK

DELIUS KLASING VERLAG

PROLOG: NUN IST SABBAT

mistral

MITTEN IM LEBEN

Die Einladung zu meinem 40. Geburtstag hatte ich mit »Zu alt für den Strich, zu jung für den Sarg« betitelt. Jetzt, mit 44, stehe ich mitten im Leben, wenn ich mal optimistisch voraussetze, dass ich 88 Jahre alt werde. Auch im Berufsleben habe ich statistisch gesehen die Hälfte geschafft. Die Midlife-Crisis liegt hinter mir. Das weiß ich mit Sicherheit, da ich mich auf diese Herausforderung mithilfe eines entsprechenden Männer-Hobbys akribisch vorbereitet hatte, sodass jeder schon von Weitem erkennen konnte: »Nun hat es ihn auch erwischt.« Die Wahl war mir nicht leichtgefallen, da ich eigentlich schon jeden Unfug ausprobiert hatte, von Motorradfahren, Golfen und Kiten bis hin zu exzessivem Segeln. Mit Blick auf meinen Job in einem Hamburger Luftfahrtunternehmen blieb als logische Konsequenz mit dem richtigen Nervenkitzel nur die dritte Dimension. Und so fand ich mich wenig später in einem Gyrocopter wieder, einer Mischung aus Hubschrauber und Flugzeug. Gefühlt saugefährlich – egal was die Hersteller behaupten –, aber immerhin männergemäß. Nach zwei Jahren habe ich das Gerät wieder verkauft, bevor ich damit vom Himmel plumpsen würde, und meine Midlife-Crisis offiziell für beendet erklärt.

Als Ingenieur und Führungskraft bin ich in einer sehr komfortablen Jobsituation; als Single habe ich genugend Zeit, allen erdenklichen Beschäftigungen ausführlich nachzugehen, und seien sie auch so behämmert wie das Gyrocopterfliegen. Mein Leben könnte also, nüchtern betrachtet, ohne große Sorgen bis zum Ende meines (Berufs-)Lebens weitergehen. Aber wer betrachtet das Leben schon gern nüchtern? Bedeutet eine Fortsetzung der Vergangenheit weiterhin das große Feuerwerk oder wird mein Leben über die Jahre immer mehr zum Knallbonbon verkümmern, wenn ich so weitermache?

◀ »Lieber ein schlechter Tag auf dem Wasser als ein guter Tag im Büro.«

JETZT REICHT'S!

Ich sitze in meinem schicken Vorzeigebüro beim Coaching-Gespräch mit einem Studenten. Eines meiner Coaching-Highlights ist das Zeichnen der Lebenszykluskurve auf dem Flipchart. Alles auf dieser Welt hat eine Entstehungs-, Wachstums-, Reife-, Sättigungs- und Alterungsphase ... und ein unvermeidliches Ende. Erfolgreiche Menschen unterscheiden sich von den erfolglosen darin, dass sie diese Lebenszykluskurve in ihr Handeln einbeziehen und genau wissen, wann etwas seinen Zenit überschreiten wird. Und sie haben den Mut, rechtzeitig loszulassen, auch wenn es gerade am schönsten ist. Der Student hört sich alles höflich und geduldig an. Hoffen wir mal, dass er es auch geschnallt hat. Zumindest zieht er nicht als erste Amtshandlung nach dem Coaching das Handy aus der Hosentasche. Nach dem Gespräch lehne ich mich in meinem Schreibtischstuhl zurück und starre auf das Flipchart. Seit sechs Jahren sitze ich nun auf diesem Stuhl. Jedes Jahr war auf eine andere Art und Weise spannend. Der Job ist klasse, das Team großartig – aber wo auf der Kurve befinde ich mich? »Du bist irgendwo da oben. Vielleicht schon dort, wo es langsam bergab geht, aber auf jeden Fall bist du dran!« Mein Blick schweift durch das schicke Büro, als nähme er Abschied.

31. Mai 2016: Der Rahmen, den die Compliance-Richtlinien für eine Abschiedsveranstaltung zulassen, reicht kaum über eine Tasse Kaffee und ein Stück Butterkuchen pro Nase hinaus. Meine Vorstellungen von meinem letzten Arbeitstag sind da anders, und so beschließe ich, das Thema auf die eigene Kappe zu nehmen und noch einmal richtig die Kuh fliegen zu lassen, als Dankeschön, und weil ich schon immer Lust hatte, eine Beachparty zu veranstalten. Gestern hat es noch wie aus Eimern geschüttet, und auch jetzt stehe ich hier am Strand von Krautsand an der Elbe mit der großen Sorge aller Open-Air-Veranstalter: Wird es trocken bleiben? In gut zwei Stunden rücken über 80 Gäste an. In meiner zurückhaltenden Art habe ich quasi die komplette Beach-Bar nebst Personal gemietet: wenn, dann richtig. An die-

ser Stelle weist die Elbe Richtung Nordwesten und mündet recht bald in die Nordsee. Im Sommer geht die Sonne nahezu über dem Fluss unter, was von dem Strand aus, auf dem ich gerade stehe, ein beeindruckender Anblick ist – sofern es nicht regnet. Mein neues Lieblingswort heißt »Sabbatical«. Ein ganzes Jahr liegt vor mir, in dem ich tun und lassen kann, was ich möchte. Danach sichert mir die Firma eine adäquate Tätigkeit zu – entspannter könnten die Rahmenbedingungen nicht sein.

Ich bespreche letzte Details mit der Gastronomie, rücke die Liegestühle und Strandkörbe zurecht und mache einen Soundcheck mit der gullydeckelgroßen Bassbox – läuft! Einfach wohlfühlen am Strand: Das ist mein Plan für die nächsten Monate, und ihr seid alle herzlich eingeladen, kurz mitreinzufühlen! Mit fortschreitender Zeit öffnet sich die Wolkendecke immer weiter, und die Sonne kommt wie verabredet zum Vorschein. Kein Lüftchen kühlt die warmen Sonnenstrahlen ab, stattdessen sorgen die zurückgebliebenen Wolken für ein irres Farbspektakel am Himmel – perfekte Bedingungen bereiten die Bühne für den letzten Auftritt.

Alle Freunde, Mitarbeiter und Geschäftspartner, die mir über die Jahre lieb und wichtig wurden, sind hier, und alle sind sie gut drauf. Die Schuhe fliegen in die Ecke, es wird kubikliterweise Bier und Aperol Spritz serviert. Für den Hunger gibt es Mini-Burger und Fischbrötchen, und wer immer noch nicht genug hat, stürmt die Eistheke. Große Containerschiffe fahren an uns vorbei, hinaus in den Sonnenuntergang und die weite Welt – ein Bild, das gerade hier und jetzt eine große Anziehungskraft auf mich ausübt. Zu chilliger Musik verschwindet die Sonne spätabends in einem bunten Potpourri aus Farben in der Elbe, wie es nur nach einem verregneten Tag möglich scheint. Kurz vor Mitternacht rücken die letzten Gäste ab. Allein zurückgeblieben, setze ich mich auf das Geländer der Seebrücke, die hier gut 30 Meter in die Elbe hinausragt, und genieße die Ruhe und die sommerliche Wärme, während sich in meinem Kopf eine zufriedene Leere einstellt. Der letzte Vorhang ist gefallen.

Mein T2-Bulli »Smurfy« stand die ganze Feier über ziemlich direkt vor der Beach-Bar und hat von repräsentativer Stelle aus das Spektakel mitangeschaut. Gut, ich wollte auch mit ihm angeben und gezielt signalisieren: Auf die Innenmaße dieses Bulli werde ich ab morgen mein Leben beschränken. Ich habe es alles gehabt, jetzt reduziere ich auf das Maximum.

Der erste Tag meiner neu gewonnenen Freiheit: Ich wache im aufgestellten Dach von Smurfy auf und öffne die Reißverschlüsse des Seitenfensters. Die Sonne scheint mir direkt ins Gesicht. Ich blinzele und schaue von meinem Platz aus direkt über den Strand auf die Elbe, über der fast mittig die Sonne steht. Groß anziehen mag ich mich als Neuarbeitsloser nicht, weswegen ich nur meinen blauen Onesie anziehe und an den Strand gehe. Ein Onesie – oder auch Jumpsuit – ist quasi Kapuzensweatshirt und Jogginghose in einem. Kein Mensch macht darin eine gute Figur, aber er ist saubequem. Zufälligerweise ist er blau wie der Bus, sozusagen ein Tarnanzug, wenn ich davorsitze. Es muss ungefähr 9 Uhr sein, die Uhr habe ich im Auto liegen gelassen.

Langsam spaziere ich den einsamen, breiten Strand entlang, an dem wir gestern noch gefeiert haben. Es fühlt sich leicht an, unbeschwert, und doch spüre ich, dass ich ganz viel zurückgelassen habe. All diese Menschen, einen sicheren Job, einen geregelten Tagesablauf und eine sinnvolle Aufgabe. Nichts davon ist mehr da – nur Wasser, Strand und Weite. Und wenn es nach meinem aktuellen Plan geht, wird sich das zumindest in den nächsten drei Monaten nicht nennenswert ändern. Ich setze mich auf einen Stein und beginne ganz unbewusst mit dem ersten Ritual meines neuen Lebensabschnitts: atmen. Ich atme tief und bewusst, ein–aus, ein–aus. Mit jedem Atemzug fällt es mir leichter zu akzeptieren, dass jetzt alles anders ist, mit jedem Atemzug werden meine Augen feuchter, bis sich schließlich die ganze Erleichterung ihren Weg bahnt. So sitze ich dort bestimmt eine Stunde lang. Zeit spielt ab heute ohnehin keine Rolle mehr, sie ist einfach ausreichend vorhanden.

▲ Abschlussparty im Bistro Strandzeit.

◀ 1. Juni: Start in ein neues Leben.

SO EIN TEIL MUSS HER!

Rückblick: Bullis fand ich immer schon klasse – aber welcher Mensch zwischen fünf und 100 Jahren tut das nicht? Bullis, das sind für mich die Modelle T1 bis T3 von Volkswagen. Wenn er liebevoll herausgeputzt ist, auch der T4, dann hört es aber auf. Der Rest sind Transporter oder Lifestyle-Wohnmobile, doch sie alle sind besser als diese großen weißen Plastikkisten. Vor Jahren las ich in einem Surfmagazin, dass man in Cornwall T2-Bullis mieten könne. Nun war mein Patenkind Nummer eins zu diesem Zeitpunkt gerade in England auf der Schule. In Kombination mit einem Besuch könnte da ein Schuh draus werden, dachte ich mir. Wenige Wochen später befand ich mich vor einer Scheune irgendwo in Cornwall, neben mir mein Patenkind, vor uns »Morrison«, ein oranger T2. Ein Bulli hat immer einen Namen, sonst ist er kein Bulli. Die Reise durch Cornwall wäre eine separate Geschichte wert, aber long story short: Von diesem Zeitpunkt an war ich angefixt, »Bulli-bitten« sozusagen. Das entspannte Reisen und die positive Wahrnehmung durch die Umwelt – einfach herrlich. Das unvermeidliche Übel bei so einem Auto: Es geht permanent etwas kaputt. Aber Morrison war ja nur gemietet, und so konnten wir ihn nach drei Tagen wieder abgeben – inklusive einiger schlauer Tipps, was alles zu reparieren wäre. Wohl dem, der das nicht selbst an der Hacke hat!

Im folgenden Sommer war ich zum Polterabend von Freunden eingeladen. Im Garten hatte sich eine Wagenburg aus Bullis und Wohnmobilen gebildet. Ich hatte bis dato keinen Plan, wo ich schlafen sollte. Nach Hause zu fahren, war nach einem Polterabend gar keine Option. Inzwischen war in der Wagenburg schon eine kleine Konkurrenzparty entstanden. Auch ich wollte an diesem Abend nur zweimal lang hinschlagen und in meinem Bettchen landen. Da kam der Wunsch erneut mit aller Macht in mir hoch: Ich will dabei sein, ich will einen Bulli! Und das Ganze nicht irgendwann, sondern sehr bald, um jeden Preis noch im kommenden Sommer.

▲ Mary, Morrison and me ▶ in Cornwall.

SOUTH WEST

WAYSIDE MUSEUM
DAKINE
GB
VMF
812M

Zurück in der Gegenwart: Die Suche beginnt. Und »um jeden Preis« ist das auch gar kein Thema. Karosserie vergammelt: 10.000 €, Auto knapp fahrbereit: 20.000 €, Auto gut dabei: 30.000 €, Auto top dabei: 40.000 €. Natürlich gibt es den T2 auch günstiger, aber ich habe inzwischen konkrete Vorstellungen: Ein Westfalia-Ausbau mit Aufstelldach soll es sein, und 70 PS möchte ich auch haben, denn ich habe keine Lust, hinter den Lkws herzuzuckeln. Mit meinen Freunden Kai und Jan mache ich mich auf die Suche, bis wir in Bremen fündig werden. Toller Zustand, alles klingt plausibel, also verabreden wir einen Termin, und los geht's. Kai und ich sind gerade auf dem Weg von Hamburg nach Bremen, da ruft der Verkäufer an und informiert uns, er habe den Bulli just verkauft. Ich könnte ausrasten: Vor drei Tagen stand der erst drin, und wir haben sofort angerufen. Nun ist er schon weg.

Mit dieser »Ich-will-das-jetzt-sofort-Einstellung« etwas Gebrauchtes zu kaufen, ist der denkbar schlechteste Einstieg in jedwede Verhandlung. Aber genau an diesem Punkt bin ich jetzt angelangt. Zwei Wochen später taucht ein weiteres Angebot aus München auf: ein blau-weißer T2. Im Preis ist er gerade um 4.000 € heruntergesetzt worden, und die Ausstattung entspricht meinen Wünschen – trotz der üblichen Baustellen, die so ein Auto nun mal hat. Die Bremen-Schlappe noch in den Knochen, bitte ich Jan, mit dem Bulli zu einem Gutachter zu fahren, da wir beide keine Ahnung von alten Autos haben. Ich will gar nicht genau wissen, was der Gutachter tatsächlich sagt, aber ich glaube, er rät uns ab. Zumindest ist er mit dem Motor nicht zufrieden und meint, dass der sehr bald kaputt gehen könne. Egal, denke ich, kommt halt ein Austauschmotor rein. Und die Reifen seien sehr alt. Dann kommen halt neue drauf. So rede ich mir alles schön, sogar die Expertise eines Gutachters. Und dann kommen wir an den verhängnisvollsten Punkt im gesamten Kaufprozess: »Wie soll er denn heißen?« Diese Frage ist bei einem alten T2 durchaus gerechtfertigt, aber zu diesem Zeitpunkt völlig deplatziert. Anstatt die Expertenmeinung des Gutachters weiter zu diskutieren, stellen wir fest, dass der Wagen zunächst einen Namen braucht. Ich gehe mit »Schlumpfmobil« ins Rennen. Dies wird ohne Nennung von Gründen oder Alternativvorschlägen sofort abgeschmettert. Ich erhöhe auf »Smurf«, da das Blau-Weiß wirklich schlumpfig aussieht. Jan kontert: »Wenn, dann ›Smurfy‹.« Das Schicksal ist besiegelt. Einen namenlosen Bus einfach wieder zurückzugeben, wäre kein Thema. Aber ein Bulli mit einem Namen ist quasi schon ein Familienmitglied, eine Rückgabe käme einem Verstoß gleich. Ich gebe mir eine Nacht Bedenkzeit – aus Prinzip und vorgetäuschter Professionalität. Willkommen in der Familie, Smurfy! Und wenn der Motor kaputt geht oder die Schuhe neu besohlt werden müssen, dann kriegen wir das schon hin.

ES WAR 'NE HARTE ÜBERFAHRT

Von München nach Hamburg sind es knapp 800 Kilometer – eine zum aktuellen Zeitpunkt unvorstellbar lange Strecke für meinen T2-Bulli. Nun war Smurfy gerade in der Werkstatt, ist durch den TÜV gekommen, und Jan muss da jetzt allein durch. Wird schon schiefgehen. Die Fahrt verläuft zwar flüssig, doch zwischendurch bekomme ich Positionsmeldungen, die alle weit hinter dem von Google Maps berechneten Fortschritt liegen, sodass noch ein Übernachtungsstopp eingelegt werden muss. Es ist Donnerstag, 10:30 Uhr. Positionsmeldung: nahe Seevetal, Statusmeldung: »Nichts geht mehr.« »Gar nichts?«, frage ich Jan. »Überhaupt nichts«, ist die Antwort. »Ich habe den ADAC gerufen.« Wo finde ich jetzt eine Bulli-Werkstatt, in die der ADAC abschleppt? Ich kenne mich mit der Materie doch noch gar nicht aus. Ich gebe die Koordinaten der Werkstatt von Kumpel Schrotti in Hamburg durch und mache mich alsbald selbst auf den Weg dorthin.

Da stehen wir nun: Jan, der immer noch leicht angeschlagen von der kurzen Nacht und der langen Fahrt ist, Schrotti, Smurfy und ich. Schrotti lässt mit der Diagnose nicht lange auf sich warten: »Dritter Zylinder überhitzt, passiert bei den Motoren immer. Kannst dir gleich 'n Austauschmotor besorgen. Was kaufst du dir auch so 'ne alte Karre für so viel Geld.« Ich betrachte meine neue Errungenschaft. Smurfy ist von außen gut im Lack. Auf dem Armaturenbrett prangt ein Schild mit dem Schriftzug »Smurfy«, das Jans Freundin gebastelt hat – wie lieb. Das »Cockpit« ist spartanisch, wie das bei so einem alten Bulli nun mal ist. An den Pedalen vorbei kann man auf die Straße schauen – gewöhnungsbedürftig. Es riecht nach einer Mischung aus Metall, Öl und muffigen Polstern. Es mag an der Kälte liegen oder am leichten Nieselregen, aber ich komme mit der Situation gerade überhaupt nicht klar. Alter Schwede, denke ich so bei mir, das ist kein Selbstläufer. Ich muss hier erst mal weg, nachdenken, Schnaps trinken, einen neuen Motor kaufen und das Auto ummelden. Willkommen im Klub der Oldtimerbesitzer, oder besser: der Leidensgenossen?

Jan gibt mir das TÜV-Gutachten aus München und die portugiesischen Papiere, denn Smurfy kommt eigentlich aus Portugal. Wenn das dem Straßenverkehrsamt mal reicht. Ich übergebe den Fall an einen professionellen Zulassungsdienst, zusammen mit allen Unterlagen. Das Kennzeichen fängt mit HH-VW an – so muss das sein. Smurfy ist jetzt offiziell Hamburger. Jetzt noch fix einen neuen Motor besorgen, und wir können losfahren. Der 50-PS-Motor ist in der Tat für unter 1.000 € zu haben, wir haben aber den 70-PS-Motor – das wären dann 3.000 €. Mir schwant, dass dies kein günstiges Hobby werden wird. Ich reserviere einen Motor bei einem Händler – zufällig aus München – und trinke schon wieder einen Schnaps. Smurfy macht mich noch zum Alkoholiker. Die Schadensdiagnose von Schrotti war irgendwie nicht überzeugend, ich brauche eine zweite Meinung. Inzwischen bin ich dem ADAC beigetreten und stelle unsere junge Zusammenarbeit zum ersten Mal auf die Probe: Der Bulli muss von Werkstatt A im Osten zu Werkstatt B im Westen Hamburgs. »Sie können Ihr Auto jetzt abholen«, tönt es am

Nachmittag selbigen Tages aus dem Hörer. Am anderen Ende ist Gerhard Kagerah, mein Retter und neuer Schrauber meines Vertrauens. »Das Schwimmernadelventil hing. Rechnung? Ach was, machen wir nächstes Mal, war nicht der Rede wert.«

ENDLICH BULLI-FAHRER

Es ist eine Zeitreise. Geiles Gefühl, mehr geht nicht, mehr braucht man nicht. Bulli fahren ist Fortbewegung der Extraklasse: Entschleunigung, gute Laune, pure Entspannung. Blitzartig ist der ganze Stress der letzten Wochen vergessen, und ich fühle mich unsterblich hinter dem großen Truckerlenker. Das Fieber hat mich gepackt. In den nächsten Tagen kaufe ich allen möglichen Kram bei Amazon und eBay zusammen, von dem ich überzeugt bin, dass ich ihn auf meinen zukünftigen Touren brauchen werde: Töpfe, Pfannen, Blechgeschirr, Bluetooth-Lautsprecher, Ladekabel, Lampen, eine Art Notbatterie-Kompressor-Lampen-Kombi-Ding und vieles mehr. Zufälligerweise ist das meiste davon blau. Zu allem Überfluss bestelle ich noch zwei Schlumpfmützen. Besser haben, als brauchen – Amazon macht's möglich. Die Shoppingphase geht nahtlos in die Bastelphase über, in der der ganze Kram verbaut werden will. Zudem brauche ich noch eine ordentliche Verdunkelung für die Scheiben, natürlich selbst genäht. Ein Riesenaufwand, der allerdings viel Spaß macht. Neue Polster werden auf den Winter verschoben.

Für meine erste Ausfahrt wähle ich Sankt Peter-Ording. Der Strand ist aus meiner Sicht einer der schönsten Parkplätze der Welt: endlos weit und mit einem traumhaften Sonnenuntergang über dem Meer. Es ist Freitag, und wie immer komme ich zu spät aus dem Büro weg. Als ich die A 23 hinter Heide verlasse, steht die Sonne schon über dem Horizont. Es ist Herbst, und ein leichter Nebel breitet sich aus. Je weiter wir Richtung Küste kommen, desto satter liegt der Nebel in den Tälern, zusammen

▲
Das Fahrzeug macht den Fahrer – mit Schlumpfmütze und blauem Onesie.

mit der tief stehenden Sonne. Es sieht aus, als schwämmen die Baumkronen in einem weißen Meer aus Wolken – ein atemberaubender Anblick. Die Luft ist so feucht, dass die Windschutzscheibe von außen und von innen beschlagen ist. Der Scheibenwischer mag heute nicht so recht, und auch die Lüftung ist zu asthmatisch. Egal, ich kurbele die Scheibe herunter und lehne mich aus dem Fenster. So überquere ich den Deich und fahre der Sonne entgegen auf den Strand von Sankt Peter. Smurfy quer in vorderster Reihe geparkt, Mucke an, Schiebetür auf, Bier auf – mehr geht nicht!

DER COUNTDOWN LÄUFT

Die drei Wochen nach der Abschiedsparty am Elbstrand stehen komplett im Zeichen des Bulli-Tunings. In Ermangelung einer vernünftigen Garage passiert dies meist direkt bei mir vor der Haustür, vor dem Verwaltungsgebäude des Bauriesen Bilfinger. Die Angestellten in ihren schicken Klamotten haben sich schon daran gewöhnt und sind gelegentlich für einen Schnack zu haben. Auch meine Stichsägearbeiten auf den Stufen zum Eingang werden erstaunlicherweise toleriert. Ich optimiere jeden Schrank, jede Ecke und baue sogar Geheimfächer ein. Mit Unterstützung meines Onkels in Verden, dessen Tischlerei ich nebst drei Angestellten für 24 Stunden einfach komplett blockiere, werden dann noch das 100-Watt-Solarpanel auf dem Dach montiert und der neue Kühlschrank eingebaut. Klingt alles recht einfach, aber die ganzen modernen Helferlein sollen nicht auffallen und müssen daher originalgetreu verkleidet oder versteckt werden. Zudem ist der Kühlschrank eigentlich viel zu groß für das Auto, ich möchte mich mit der kleineren Version aber nicht zufrieden geben.

Smurfy ist ab jetzt völlig autark, es gibt immer kaltes Bier, sämtliche Geräte werden über 12-Volt- respektive USB-Stecker geladen, sogar der Tintenstrahldrucker, den ich dabeihabe. Abgerundet wird das Ganze von einer Sammlung an »Spielsachen«, die kaum Wünsche offenlässt. In der stilechten Alubox am Heck befinden sich die Kites, ein Gasgrill und ein Campingstuhl. Im Bulli sind zwei Kiteboards und ein Elektro-Skateboard verstaut, das als Fahrradersatz dient. Natürlich kann auch Letzteres autark geladen werden. Vorn im Fußraum liegt ein aufblasbares Stand-up-Paddling-Board. Das Ganze wird abgerundet durch eine Vielzahl an kleinen Spielereien. Zum Abschied habe ich zahlreiche Bücher geschenkt bekommen, von denen ich keines zu Hause lassen mag. Also wird kurzum noch ein Bücherregal in Form einer zweiten Ablage unter dem Armaturenbrett installiert und die Bücher entsprechend drapiert: das hellblaue Buch mit dem Bulli-Umschlag nach oben, daneben das selbstgebastelte Reisebuch von Johann und Marie und das Lonely Planet Travel Journal.

Es ist nahezu alles perfekt, doch wenn ich so weitermache, komme ich nie los. Ich werkele mich an dem Auto noch zu Tode und ertappe mich dabei, wie ich nach Gründen suche, um den Start zu verschieben. Jetzt reicht es aber! Ich lade mich für Montag bei der Verwandtschaft in der Nähe des Ruhrgebiets zum Abendessen ein. Das ist meine Deadline. Smurfy ist technisch und optisch in Bestform – ein Traum in Blau und Weiß.

MONTAG, 25. JUNI – TAG X

Mein Plan ist immer noch, meine Hamburger Wohnung für die Dauer des Trips unterzuvermieten – die Miete verfeiere ich lieber, als dass die überteuerte Wohnung leer steht. Nun scheue ich aber Portale, die mir Leute ins Haus bringen, die ich nicht kenne, und habe das Thema daher nicht weiterverfolgt. Aus diesem Grund bleibt die Hütte zunächst leer, vielleicht meldet sich ja noch jemand. Unterschwellig spüre ich, dass es sich sicherer anfühlt, sich diese Rückzugsmöglichkeit offenzuhalten. Also räume ich alle Habseligkeiten beiseite, sodass sich ein Gast spontan wohlfühlen würde. So ordentlich war es hier seit Langem nicht mehr. Ein letzter Kaffee an der Ecke, spätestens um 13 Uhr muss es aber losgehen. Das Gefühl ist mehr als befremdlich, als ich den Platz vor dem Bilfinger-Gebäude räume. Niemand winkt zum Abschied, obgleich die sicher auch froh sein werden, dass sie ihren Eingang wieder in voller Breite nutzen können. Ein letzter Weg führt mich zu meinem Autoschrauber, um noch eine Ladung Ersatzteile mit an Bord zu nehmen, das ist sicherer.

Juniorchef Oliver Kagerah, mein Schrauber, ist der letzte Hamburger, der mich verabschiedet, ehe ich die Stadt verlasse. Er gibt mir das gute Gefühl, dass Smurfy wirklich top in Schuss ist für die lange Reise. Hoffentlich ist er nicht der Erste, den ich wiedersehe, denn dann ist etwas schiefgegangen. Nun gibt es kein Zurück mehr. Ab auf die Autobahn in Richtung Pott. Die Routenplanung habe ich aufgrund meines miserablen Orientierungssinns recht einfach gestaltet: die Atlantikküste in Richtung Süden, bis es nicht mehr weitergeht, dann die Mittelmeerküste Richtung Norden, bis es langweilig wird, dann ab nach Hause. Drei Monate sind für die Tour eingeplant, davon über zwei Monate am Atlantik. Von der Mittelmeerküste erwarte ich nicht viel, ist so ein Bauchgefühl. Auf ein Schmierblatt habe ich einen groben Zeitrahmen gekritzelt, wann ich in etwa wo sein will. Ideelles Ziel der Reise wird Tarifa sein, das Mekka des Kitesurfens im Süden Spaniens. Anfang September wäre erstrebenswert. Das fühlt sich für ein Kite-Pilgerreise so weit ganz gut an. Ansonsten gilt: »Je mehr du planst, desto härter trifft dich der Zufall«. Damit genug der Theorie.

Philipp Dittberners »Das ist dein Leben« dudelt aus meinem nagelneuen Retro-Radio, natürlich mit Bluetooth und Freisprecher. Das Lied wird mich während der ganzen Reise begleiten. Wir rollen auf der Autobahn gen Ruhrgebiet, angespannt höre ich genau auf jedes Geräusch. Der Motor läuft super, aber wird er das auch die nächsten 3.500 Kilometer tun? Was verbraucht Smurfy eigentlich auf 100 Kilometern an Sprit und Öl? Der Kilometerzahler will nicht so recht – egal, die Reparatur spare ich mir für unterwegs auf. Die Kilometer interessieren mich nicht sonderlich, obgleich die Zahl für die Ermittlung des Verbrauchs ganz interessant wäre. Beim nächsten Tanken starte ich meine Runtastic-App, um Geschwindigkeit und Entfernung einzugeben. Schon naht die erste Ernüchterung: Bei der Wahnsinnshöchstgeschwindigkeit von über 110 Sachen – laut Tacho – handelt es sich de facto um gerade einmal knapp über 100 km/h. Dann ist das eben so.

Unzählige Gedanken schießen mir durch den Kopf: Wieso mache ich diese Tour eigentlich? Und wieso allein? Ich hatte doch so tolle Angebote, von Segeln in Rio bis zu Überführungstörns von Privatyachten. Oder wieso hänge ich nicht einfach nur in Hamburg ab, der geilsten Stadt der Welt? Stattdessen sitze ich mir den Hintern auf den Autobahnen Europas platt. Dabei fahre ich überhaupt nicht gern Auto, es ist für mich einfach nur ein Mittel zum Zweck. Aber wen hätte ich denn mitnehmen sollen auf eine Reise zu mir selbst? Und genau das ist es ja schließlich. Zahlreiche Freunde hatten angeboten, mich zu begleiten, doch wie soll ich »in den Tag hineinleben«, wenn ich meinen potenziellen Begleitern Monate vorher Flughafen und Tag für einen Zusammenkunft nennen muss?

Google meldet dreieinhalb Stunden für die Strecke, sodass ich entspannt am frühen Abend ankommen werde – wenn das stimmt. Rasch bestätigt sich wieder, dass die Google-Zeitangaben für normale Autos gelten und deshalb immer gewaltig danebenliegen. Faktor 1,5 ist die Realität, und schon muss ich mich beeilen, es überhaupt pünktlich zum Abendessen zu schaffen. Für ein Rennen gegen die Zeit ist Smurfy nicht geschaffen. Zeit muss komplett egal sein, wenn ich mit ihm unterwegs bin; aber ist sie mir auch bei diesen irre langen Strecken egal, die auf mich zukommen? Vor mir entdecke ich einen weiteren blau-weißen T2. Meine Stimmung hebt sich, und ich hänge mich einfach hinten dran. Boah, die jagen ihren Bulli ja ganz schön. Mit 110 Tacho-km/h geht es gen Westen. Nach bummeligen 100 Kilometern – laut Handy – steht die Tanknadel bei halb voll. Was mache ich denn, wenn er 15 Liter oder mehr verbraucht? Langsam und unbequem reisen, dafür die dreifachen Spritkosten eines modernen Dieselbusses – Bulli-Romantik um jeden Preis? Ich ertappe mich, wie ich neidisch zu einem T5 California herüberschaue, der gerade recht fix an mir vorbeizieht. Beide Autos haben nahezu den gleichen Zeitwert, und bestimmt regnet es bei ihm nicht rein. Ich mache mir ein Bier auf, um in den Bulli-Modus zu kommen, und singe lauthals zur Musik. Das hilft, stelle ich rasch fest, und schütte sicherheitshalber noch ein weiteres hinunter. Diese Strategie ist nicht zur Nachahmung empfohlen, doch unter den gegebenen Umständen heiligt der Zweck alle Mittel. Ich muss nur irgendwann wieder damit aufhören.

Bei der Familie angekommen, bin ich völlig überdreht – entweder liegt das am Adrenalin, am Alkohol oder an der Freude. Das »Hallo« ist natürlich groß. Smurfy ist und bleibt ein Gute-Laune-Auto, das jeder mag, besonders Kinder. Mein erstes Etappenziel feiern wir bei einem Glas Champagner aus dem Bulli-Kühlschrank. Später gesellt sich Cousin Andreas dazu, der gerade einmal zwei Tage älter ist als ich. Er ist wahrscheinlich der intelligenteste Mensch, den ich kenne, und arbeitet – trotzdem – ohne Unterlass. Dabei wirkt er völlig ausgeglichen. Doch was nützt die ganze Kohle, wenn man keine Zeit mehr zum Ausgeben hat? Nun habe ich auch immer viel gearbeitet, aber das Geld auch stets sehr kreativ wieder rausgehauen. Leben, um zu arbeiten oder arbeiten, um zu leben. Wer von uns macht es nun richtig? Gibt es überhaupt ein Falsch? Wird mir meine Reise hierzu eine Antwort liefern?

Nach einem ausführlichen Frühstück geht es weiter, jedoch noch nicht an die Küste. Vorher wird noch ein weiterer Cousin in der Region besucht. Ist das familiäre Neugierde oder ein Sich-Drücken vor dem Alleinsein, frage ich mich. Meine latente Planlosigkeit wird noch von der Tatsache unterstrichen, dass ich nicht einmal eine Straßenkarte dabeihabe. Meine Tante kramt einen Kartensatz von Frankreich aus dem Keller, Stand 1988/89, mehr als angemessen für die Reise mit einem 37 Jahre alten Bulli. Und ab geht es wieder auf die Straße, zunächst zur Tankstelle. Als Ingenieur prüfe ich gewissenhaft Reifendruck, Öl- und Spritverbrauch: zwölf Liter Benzin auf 100 Kilometer. Das ist nicht wenig, aber damit habe ich gerechnet, und somit ist es für mich in Ordnung.

Cousin Alex hat gerade gebaut – riesengroß und topmodern mit viel Glas, in einem Neubaugebiet irgendwo kurz vor Belgien.

Sunny Iberia Tour

Mitte Juni

Hamburg - Velbert - (Paris) Crozon : 5 Tage
1.500 km

Crozon - La Torche : 6 Tage
80 km

La Torche - Quiberon : 2 Tage
150 km

Quiberon - La Rochelle : 2 Tage
355 km

Julian Magnus Tim Jo.

La Rochelle Biarritz : 5 Tage
390 km

Biarritz - San Sebastian - : 3 Tage
Bilbao : 170 km 3 Tage

Mitte Juli

Bilbao - Santiago de Compostela : 5 Tage
560 km

Johannes Julian Andreas

Santiago de Com. - Porto : 5 Tage
233

Mitte August

Porto - Lissabon (Peniche) : 5 Tage
313 km

Lissabon - Faro : 6 Tage
300 km

Mitte Sept.

12 Tage Stop

Faro - Fuerteventura : 2 Tage
380

5 Tage

Ende Sept.

100 Tage / 40 gesegelt [illegible]

25 Juli bis [illegible] Juni auf 1.11. Sept.

11.-18. August Boot Festival Hamburg-[illegible]

Mit seiner attraktiven Frau und seinen zwei süßen Kindern verkörpert er, wie er da so in seiner Haustür steht, den Inbegriff der erfolgreichen deutschen Double-Income-Familie. Mein kleiner Cousin … Krasser könnten die Gegensätze nicht sein. Führt er das Leben, von dem ich immer geträumt, das ich bis jetzt aber nicht erreicht habe? Beneidet er mich um meine Freiheit fernab der Vorzeigeperfektion?

Alex war stets ein guter Gesprächspartner für tief greifende, elementare Unterhaltungen. Die rhetorische Warm-up-Phase dauert gute zwei Stunden. Wir sitzen lange zu zweit beim Wein zusammen und schaffen es in der Tat, eine Ebene von Dialog zu erreichen, die einen Freund und Gesprächspartner für den Augenblick als wichtigsten Menschen der Welt erscheinen lässt. Im Bett liegend überlege ich, ob ich wirklich tauschen wollte. Perfekt, geregelt, abgesichert, stabil – all das war ich nie. Lässt Perfektion überhaupt Raum zum Träumen? Sind 240 Quadratmeter Heim nicht mehr Belastung als Freiheit? Wenige Wochen später hat Alex einen kapitalen Wasserschaden in seinem Haus, und während ich den Tag lebe, zieht er erst mal wieder aus, kurz nach dem Einzug, welcher der letzte in seinem Leben sein sollte. Da behaupte noch mal wer, Immobilien machten immobil.

Vor mir liegt die Straße nach Westen, durch Belgien Richtung Atlantik. Aber wo will ich eigentlich hin? Ich habe mal wieder keinen Plan. Ich schreibe meinen guten Freund Boris an, ein großer Segler und Riesenfan der Bretagne. Auf seinen Rat vertraue ich blind. Parallel morse ich Tornado an, einen weiteren Freund, der mit seiner Familie in der Nähe von Calais wohnt. So weit im Norden möchte ich eigentlich nicht bleiben, aber die Vorstellung, noch ein oder zwei Tage bei Freunden zu sein, anstatt irgendwo in der unbekannten Fremde, finde ich sehr angenehm. Umso mehr freue ich mich, als Tornado kurze Zeit später zurückruft und mich einlädt. Spitze! Also geht es heute nach Le Touquet, an den Strand von Paris. Ein traumhaft schöner Ort zum Leben und zum Kiten.

◀ Mein grober Fahrplan.

N
W
O
S
LE TOUQUET-PARIS-PLAGE
BELGIEN
ÄRMELKANAL
DEUTSCH-
LAND
PARIS
MONT SAINT MICHEL
CROZON
CONCARNEAU
QUIBERON
FRANKREICH
SCHWEIZ
ÎLE DE RÉ
ATLANTIK
ITALIEN
DUNE DU PILAT
MESSANGES
TOULOUSE
SAN
SEBASTIAN
COL D'AUBISQUE
MITTELMEER
SPANIEN

01

FRANKREICHS ATLANTIKKÜSTE

JOIE DE VIVRE

ENDLICH ATLANTIK

Und dann liegt er vor mir: der Atlantik, das Weltmeer, das mindestens für die nächsten zwei Monate mein ständiger Reisebegleiter sein soll – so lautet jedenfalls der aktuelle Plan. Ich bin so bewegt, dass ich im Rückwärtsgang fast ein Auto zusammenschiebe. Zum Glück warnt mich mein neu eingebauter Rückfahrpieper vor einer größeren Katastrophe. Den Schreck muss ich bei einer Kite-Session verarbeiten. Auch wenn es unerwartet kühl und das Wetter noch ausbaufähig ist, genieße ich die erste Session meines Trips in vollen Zügen. Ein Gefühl endloser Freiheit ergreift mich, und es fühlt sich gigantisch gut an. Hinter mir liegt das konservative Wertesystem, das mich mein Leben lang eingeschränkt hat, vor mir die Freiheit: willkommen! Aber was bedeutet »Freiheit« in meinem besonderen Fall – den ganzen Tag auf dem Kiteboard zu verbringen?

Ich treffe die Familie von Tornado an, wie ich sie bei meinem letzten Besuch vor zwei Jahren zurückgelassen habe. Die meisten Sorgen und Gespräche drehen sich um den spätpubertierenden Sohn, der sie alle in Atem hält und jeden Tag wie eine neue Bewährungsprobe erscheinen lässt. Das tut mir sehr leid, denn im Prinzip wohnen sie hier in einem Paradies, mit einem gemütlichen kleinen Häuschen nur wenige Meter vom Strand und vom Ortskern entfernt. Vereinzelt gelingt es, die Gespräche in eine andere Richtung zu lenken – über Frankreich, über das Leben. Tornado war früher Kampfpilot und hat in seinem Leben viel erlebt und gesehen. Der Spagat zwischen Freiheit und familiärer Verantwortung kostet ihn viel Energie, was deutlich zu spüren ist.

Ich schlafe vor dem Haus im Bulli. Alles ist sicher, aber irgendwie noch extrem ungewohnt. Die Matratze scheint zu hart, der Rücken tut weh, und während der ganzen Aufregung sind mir mindestens zwei Wirbel rausgesprungen. Bulli fahren bedeutet nun mal: Stil vor Komfort! Kann das denn überhaupt drei Mo-

◀ Le Touquet-Paris-Plage.

nate gut gehen? Früher habe ich in der Hängematte übernachtet, aber aktuell jage ich hinter der optimalen Schlafsituation her wie ein Hund hinter dem Postboten. Tornado bietet sich an, mir die Wirbel wieder einzurenken. Einmal tief eingeatmet, und krach! Es scheppert, als wäre das ganze Rückgrat gebrochen. Noch ein zweites Mal, und die Blockaden sind weg. Ob die Schmerzen weg sind, kann ich noch nicht sagen. Im Moment bin ich nur überglücklich, dass ich nicht querschnittsgelähmt bin. Auf den Schreck jetzt aber erst mal 'ne Runde aufs Wasser.

Bereits nach zwei Tagen in Le Touquet spüre ich, wie die Ferne »an mir zieht«. Meine Zeit hier ist vorbei, auf ins Ungewisse! Diesmal ohne Freund, Bekannten oder Verwandten an der Zielmarke, einfach los. Was sich ursprünglich superfrei anfühlen sollte, erweist sich zunächst als extrem ungewohnt. Wie läuft das Auto? Wer schleppt mich ab, wenn ich liegen bleibe? Gut, ADAC plus wird sicher über die größten Probleme hinweghelfen, aber wenn die gelben Engel einschreiten müssen, ist die Reise auch vorbei. Wenigstens schaffen dann sie Smurfy nach Hamburg zurück.

LE MONT-SAINT-MICHEL

Ein Blick auf die Karte verrät, dass es bis zu der Landmarke südlich von Brest, die mir Boris geschickt hat, zu weit ist für eine entspannte Tagesreise. Le Mont-Saint-Michel wird mir als Stopp empfohlen. Ein Ort auf einem Felsen im Meer, mit einer Abtei obendrauf. Früher nur bei Ebbe zu erreichen und heute Teil des Weltkulturerbes – na dann mal los! Es nieselt, und ich hasse es, bei Regen Bulli zu fahren. Das Wischwasser funktionierte noch nie, der Scheibenwischer leider auch nur recht selten. Gerade will er mal wieder nicht, was auf der Autobahn aufgrund des Fahrtwindes nicht so dramatisch ist, aber dennoch extrem nervt. Ansonsten gefällt mir das Tempo in Frankreich. Die Autofahrer scheinen entspannter als in Deutschland,

VORWEG:
Die Frage »Darf man da stehen?« muss sich jeder selbst beantworten, wenn er nach dem ganz besonderen Stellplatz sucht. Im Norden Frankreichs ist es, saisonal abhängig, relativ unkompliziert, irgendwo zu stehen. Dieses Buch gibt hier nur rudimentäre Anhaltspunkte, denn der Bulli findet den idealen Stellplatz, und nicht der Fahrer. Schmeißt die dicken Campingführer in den Müll und findet es selbst heraus!

STELLPLATZTIPP
LE TOUQUET-PARIS-PLAGE
Im Norden der Stadt, am Pointe de Touquet, nahe des Hafens, gibt es einen öffentlichen Parkplatz mit einem sehr schönen Blick über die kleine Lagune.
50°32'10.3"N
1°35'32.2"E

Smurfy und ich kommen uns näher – die erste Übernachtung auf der Straße.

Die Parade beim Start der Tour de France.

und regelmäßig fährt jemand vorbei, grüßt, reckt den Daumen in die Höhe oder fotografiert Smurfy, das entschleunigt. Aber nach gut fünf Stunden reicht es mir, im Regen zu fahren. Ich folge den Schildern Richtung Le Mont-Saint-Michel. Auf dem Weg dorthin fallen mir unfassbar viele Campervans auf, die auf den Äckern und am Straßenrand stehen. Keine coolen Smurfys, eher so Wohncontainer, aber irgendwo muss ein Nest sein. Leute in Regencapes wollen mir Parkplätze auf den Wiesen entlang der Straße anbieten, merkwürdig. Dem Herdentrieb folgend, stelle ich mich auf so einen Acker, natürlich in die erste Reihe mit Blick auf den Mont – man weiß ja nie, was kommt.

Fähnchen, Aufsteller, Flaggen. Hier ist was im Gange, denke ich bei mir, dann ein Schild mit der Aufschrift »Le Tour«. Ich nehme das Tablet auf den Schoß und durchstöbere das Netz: Zum

ⓘ

KARTENEMPFEHLUNG FRANKREICH

FRANCE – BORD DE MER (KÜSTE), ÉDITIONS TRAILER'S PARK.
Auf Basis von Michelin-Karten im Maßstab 1:450.000–1:300.000, zusätzlich mit einer Liste an Gratisstellplätzen entlang der französischen Küste. Die meisten dieser Stellplätze kommen über das Prädikat »funktional« nicht hinaus. In der Regel mit Parkautomat, oft mit Wasser- und Abwassersäule und mäßigen Toiletten. Selten meine Wahl, aber als Rettungsanker durchaus verwertbar. Für diverse Länder zu beziehen über:
www.trailers-park.fr

ersten Mal startet die Tour de France in Le Mont-Saint-Michel, und zwar morgen, am 2. Juli. Wir sind mittendrin, statt nur dabei. Ich kann diesen Zufall gar nicht so recht fassen. Was für ein Glück! Plötzlich passt alles zusammen.

Ich wache von einem regen Treiben auf und beginne mit meinem Morgenritual, dem Kaffeekochen. Dabei wird der heimische Elbgold-Kaffee zunächst in der Handmühle gemahlen und dann schonend in der Isolier-French-Press aufgebrüht. Der Regen hat sich derweil verzogen, und die Bedingungen für ein Radrennen könnten nicht angenehmer sein: gemäßigte Temperaturen, trocken und bedeckt. Schon die ganze Zeit fahren Autos mit einzelnen Rädern, kompletten Rennrädern und allem möglichen Zubehör über die Strecke – was für eine Materialschlacht. Dann beginnt die Parade, auf die hier offensichtlich alle in ihren Wohncontainern gewartet haben. Es ist wie Kölner Karneval, wenn man ihn den großen Konzernen zur Selbstdarstellung überlassen würde. Allerdings fahren die »Paradewagen« mit einem Affenzahn über die Strecke. Die Wagen selbst sind alle perfekt hergerichtet, aus Glasfaser, wie es scheint, mit perfekter Bemalung im Einklang mit der Corporate Identity des jeweiligen Produktes. Und so brausen McCain-Pommes, die französische Lotterie, Senseo-Kaffee, Haribo-Tüten und Co. an mir vorbei. Die angeschnallten Jecken darauf – hier wohl eher Studenten beim Aushilfsjob – werfen den Schaulustigen Werbemittel zu. Die Haribo-Tüten sind noch das Beste. Das Tuch vom französischen Reifenhersteller und die Mütze mit Skoda-Werbung entsorge ich direkt – bloß kein unnötiger Ballast. Die Begeisterung der Menschen ist gewaltig, aber der Kommerz, der hier betrieben wird, gleichermaßen. Irgendwann kommt ein Pulk Rennradfahrer vorbeigeschossen, gefolgt von weiteren Autos mit Fahrradteilen. Das Feld hat vielleicht 15 Sekunden der ganzen Show ausgemacht. Was für ein Aufriss.

Die Menge kriegt sich langsam wieder ein und sortiert sich zum Aufbruch. Das war er also, der Tour-de-France-Start 2016. Ob

KULTURTIPP

LE MONT-SAINT-MICHEL

Die über 100 Meter hohe Erhebung Le Mont-Saint-Michel vor der normannischen Küste wird dominiert von der Abtei. Sie ist Pilgerziel und UNESCO-Weltkulturerbe mit rund 3,5 Millionen Besuchern pro Jahr. Zu erreichen über einen ein Kilometer langen Damm mit dem Shuttle-Bus oder zu Fuß, Radfahren ist untersagt.

die gesamte Parade bei jedem Etappenstart auffährt? Ich werde es nicht erleben, denn die Tour startet in Richtung Normandie, und ich werde genau entgegengesetzt weiterreisen. Doch vorher steht noch Kultur auf dem Programm.

Ich nehme das Elektro-Skateboard und düse im Slalom durch die Pilgerschar. Es stand nirgends, dass Skateboards verboten sind. Le Mont-Saint-Michel ist als historisches Dorf ganz schnuckelig, architektonisch beeindruckend und von den üblichen Touristenfallen durchzogen, aber auf jeden Fall sehenswert. Ich plane, in die Abtei vorzudringen, und möchte das E-Skateboard an der Kasse abgeben. So etwas kriegen die Kassiererinnen nun gar nicht gewechselt und weigern sich standhaft, das Skateboard in Verwahrung zu nehmen. Es einfach irgendwo in den Büschen zu verstecken, ist mir schlichtweg zu blöd, und so mache ich mich langsam wieder auf den Rückweg, elektrisch, über den Damm zum Auto. Zum Abschied gönne ich mir noch ein regionaltypisches Sandwich mit Wurst, und ab geht's in Richtung eines Wegpunktes, den mir Boris über WhatsApp geschickt hat.

CROZON

Der Ort Crozon in der Bretagne scheint komplett unspektakulär zu sein. Dem Navi nach steuere ich Smurfy kurze Zeit später durch recht schmale Gassen den Hang hinab Richtung Wasser. Zweimal in Folge steht dort ein riesiges »Camping verboten«-Schild. Ob ich hier über Nacht bleiben möchte, kann ich jetzt noch nicht entscheiden. Auf dem Parkplatz steht nur noch ein einziges Auto, aus Deutschland. Eigentlich ist es ein Lkw und sieht aus wie ein Möbeltransporter mit Fenstern, sicherlich älter als Smurfy und ziemlich alternativ. Ich habe ein ungutes Gefühl und parke erst einmal, um die Gegend zu erkunden. Vom Parkplatz führt ein schmaler Weg zum Strand. Es verschlägt mir den Atem: was für ein Anblick! Ich stehe auf einem

KULTURTIPP
NORDFRANKREICH
Die Küsten Nordfrankreichs – also der Normandie, der Bretagne und der Pays de la Loire – sind ursprünglich, rau und touristisch entspannt, die Menschen tiefgründig und sympathisch. Das Gebiet ist geprägt von schroffen Felsen und Klippen, durchmischt mit traumhaft schönen, einsamen Sandbuchten. Durch den Tidenhub von bis zu zwölf Metern verändert es sich stetig. Das Wetter in dieser Region ist recht durchwachsen, ähnlich wie in Norddeutschland. Die Bebauung an der Küste ähnelt der Natur: Kleine Dörfer mit Häusern aus grob behauenen Steinen schützen vor der Witterung. Die Umwelt prägt den Menschen, weshalb die Normannen und Bretonen eher introvertiert und stur sind, aber ein großes Herz haben. Mit dem Bulli fühle ich mich hier überall willkommen und in Ruhe gelassen.

STELLPLATZTIPP

CROZON

Der Campingplatz Camping La Plage de Goulien (www.camping-crozon-la-plagedegoulien.com) ist weitläufig mit sauberen Sanitäranlagen und sehr nettem Personal, drei Minuten vom Strand entfernt. Die Surfschule Surf Oxygène befindet sich in unmittelbarer Nähe.

48°14'25.1"N
4°32'44.3"W

menschenleeren Strand am Ende einer großen Bucht. Weit und breit ist kein Mensch zu sehen, rechts der Atlantik, links zieht sich eine bewachsene Dünenlandschaft den Berg hinauf. Es ist wunderschön hier, friedlich, herrlich. Zurück auf dem Parkplatz sind auch die Nachbarn aufgetaucht, nebst drei Hunden. Ich bin immer noch skeptisch. So ein »Besetzerfahrzeug«, dann auch noch Dreadlocks, und das alles auf einem verbotenen Parkplatz. Die Situation überfordert mich maßlos. Ich muss dazu sagen, dass ich in Hunde vernarrt bin, wenn sie halbwegs erzogen sind, und so bricht schon der erste – Labrador Cello – das Eis. Es stellt sich heraus, dass meine Nachbarin Solveig Hunde ausbildet, Cello als Blindenhund und einen Collie als Hund für Zuckerkranke, und sie gehorchen sagenhaft gut. Der Lkw stellt in der Tat das Zuhause von Malte dar, sesshaft, wenn man das so nennen kann, in Köln. Innendrin befindet sich ein Bollerofen zum Heizen, ein regulärer Herd zum Kochen, eine Sitzgelegenheit und ein Bett. Die Fenster sind vom Schrottplatz – ich erkenne die Rundungen der Heckscheibe einer alten »Ente« wieder. Langsam taue ich auf. Hier mit nur zwei Autos zu stehen, ist mir immer noch suspekt, aber immerhin haben wir drei Hunde, die aufpassen. Ich richte mir mein Nachtlager ein. Mein Rücken tut chronisch weh, ich weiß nur nicht, ob es von der Matratze oder von der allgemeinen Anspannung kommt. In Le Mont-Saint-Michel standen wir Auto an Auto, dies ist quasi die erste Nacht in freier Wildbahn, und genauso schlafe ich auch: miserabel.

Der erste Morgen in freier Wildbahn. An Natur hat der Platz so ziemlich alles zu bieten, was das Herz begehrt, an Sanitäreinrichtungen logischerweise gar nichts. Ein Blick auf die Karte zeigt, dass sich am anderen Ende des Strandes, gut einen Kilometer entfernt, eine Surfschule und ein Campingplatz befinden. Vielleicht wäre es schlauer, einfach dorthin umzuziehen? Für die Morgentoilette schummele ich mich auf den Campingplatz. Auf dem Rückweg notiere ich die Nummer der Surfschule und bemerke zeitgleich, dass Wind aufkommt. Playtime!

Der Wind ist zu schwach zum Kiten, aber ich habe es wenigstens versucht. Zurück auf dem Parkplatz begrüßt mich schon Labrador Cello. Dich könnte ich sofort mitnehmen! Ich leihe mir den Hund für einen Spaziergang aus und bin völlig überrascht, dass er mitkommt und sogar gehorcht. Zu zweit tollen wir über den Strand, und es fühlt sich unglaublich gut an. Ich hätte so gern einen Hund. Auf der Tour wäre das auch perfekt, aber dann? Wie passt ein Hund in mein ziviles Leben in Hamburg?

Abends grillen wir gemeinsam, und ich packe erstmalig meinen Campingaz-Gasgrill aus, das macht Eindruck. Vorher will noch Fußball-EM geschaut werden, Deutschland gegen Italien. Deutschland gewinnt im packenden Elfmeterschießen. Oha, ein Finale Deutschland gegen Frankreich, das wäre ja noch ein Spaß hier in Frankreich, aber noch ist nichts entschieden. Ich spüre, wie mein Puls langsam in den Relax-Modus übergeht, nach gut eineinhalb Wochen. Die letzten Tage waren doch ziemlich stressig.

Am nächsten Tag verzurren Solveig und Malte wieder alle Einrichtungsgegenstände in ihrem Heim und reisen ab, die Hunde nehmen sie leider mit. Da kein Wind aufkommt, beschließe ich, mich mit Surfunterricht über den Verlust hinwegzutrösten. Allein möchte ich hier nicht zurückbleiben, und so siedele ich um auf den Campingplatz am anderen Ende der Bucht, denn duschen müsste ich auch mal.

Der Surflehrer heißt Nicolas und hat, wie alle französischen Surflehrer, das eine, übergeordnete Ziel, der Welt Französisch beizubringen – hartnäckig, wie ein Franzose so sein kann. Gut, dann bestreiten wir den Tag halt auf Französisch, ich kann mich ja anpassen. Nicolas gibt sich, abgesehen von dieser ausgeprägten Macke, wirklich Mühe. So viel Mühe, dass ich am nächsten Tag gleich noch einen Kurs buche. Eigentlich bin ich gar nicht so heiß darauf, Surfen zu lernen. Dies ist ungefähr mein achter Versuch. Im Prinzip geht es mir aktuell mehr um eine

Never miss a single sunset.

Beschäftigung, um Anerkennung und Gesellschaft. Jedes Mal, wenn ich eine Welle stehe, schaue ich beifallheischend zu Nicolas, und er bejubelt meinen Erfolg. Mehr brauche ich nicht, nur jemanden, der meine Freude teilt, wenn es klappt. Am Ende des zweiten Tages kommt Nicolas dann mit seinem Surfboard zu mir geschwommen und lädt mich ein, mit ihm weiter hinaus zu den großen Wellen zu paddeln. Ich fühle mich stolz wie Simba, der kleine Löwe, und paddele ihm hinterher – dorthin, wo die richtigen Surfer surfen.

Der Abschied von Crozon fällt mir schwer, wie jeder Abschied. Nicht, dass ich hier irgendwen vermissen würde, aber ich weiß einfach nicht, was kommt. Dieser Aufbruch ins Ungewisse weckt einen Widerstand in mir. Wird es wieder so schön sein? Ich habe gar keine rechte Vorstellung davon, wohin ich fahren

SPITZKOHLSALAT VON SOLVEIG UND MALTE

ZUTATEN FÜR 2 PERSONEN:

½ Spitzkohl
½ Apfel
Salz
Pfeffer
gutes Olivenöl
heller Essig

ZUBEREITUNG:

Den Spitzkohl sehr fein in dünne Streifen schneiden.
Dabei den dicken Strunk in der Mitte nicht verwerten.
In eine Schüssel geben und mit wenig (!) Salz und Pfeffer würzen.
Mit beiden Händen alles gut durchkneten, bis der Kohl schön weich ist.
Nun etwas Olivenöl und einen Hauch Essig dazugeben,
einen halben Apfel reiben und alles gut durchmischen.

soll und was mich dort erwartet. So beschließe ich, noch in der Region zu bleiben, klappere zunächst die Nordseite der Halbinsel ab und cruise die Promenade von Camaret-sur-Mer entlang. Ich genieße es, wenn die Leute dem Bulli hinterherschauen, den Daumen hochrecken oder sogar hinterherrufen, das macht den Unterschied. Auf dem Weg in eine Parkbucht kracht es unerwartet und unüberhörbar irgendwo unter dem Auto, und dann lässt sich die Kupplung nicht mehr vernünftig durchtreten. So ein Mist, denke ich, rolle mit letzter Kraft in die Parkbucht und mache mich an die Fehlersuche. Am Ende des Kupplungszuges finde ich eine Stellmutter, die sich noch ein gutes Stück aufschrauben lässt, bis der Kupplungszug wieder Spannung hat. Das ging einfach. Mit geschwellter Brust fahre ich weiter – die erfolgreich durchgeführte Reparatur gibt mir ein unglaublich gutes Gefühl. Den Erfolg werde ich heute mit einem Restaurantbesuch feiern, Nicolas hat mir beim Abschied noch einen guten Tipp gegeben. Doch vorher suche ich einen schönen Platz für die Nacht.

Schnell werde ich fündig, neben zwei Bussen mit Surfern aus Deutschland. Ein schöner Parkplatz, direkt am Strand, einsehbar und keine 100 Meter hinter einem »Campen verboten«-Schild … aber die werden hier ohnehin überbewertet. Ein passender Ort, um meine Fotoausrüstung auszupacken und Surfbilder zu machen. Das dargebotene Schauspiel ist eine Fotoserie wert, zumal ich ein extrem großes Teleobjektiv dabeihabe. Den Hauptdarstellern zeige ich später auf dem Parkplatz die Bilder und schicke sie ihnen vom Fleck weg per Mail, der perfekte Eisbrecher. Doch jetzt mache ich mich erst einmal schick für das Abendessen.

Die Speisekarte liest sich gut, soweit ich sie verstehe. Leider verstehe ich nicht viel. Und dann ist da etwas, das mich interessiert: Andouille. Ich frage die Bedienung, die auf ihren Bauch deutet und mir versichert, dass es lecker ist, eine regionale Spezialität. Aufgepasst: Es ist in Frankreich – und sicher auch anderswo – ein großer Fehler, etwas zu bestellen, von dem man nicht weiß, was es ist, und ich begehe ihn. Vor mir auf dem Teller liegt eine Wurst im Naturdarm, beim Anschneiden kommen recht grobe Stücke zum Vorschein. Inzwischen, jedoch zu spät, habe ich hier Internetempfang und schaue nach: »Spezialität der Region, wird aus Innereien hergestellt«. Offenbar so etwas wie der Pfälzer Saumagen. Widerlich! Ich würge ein gutes Stück herunter und gebe dann auf. So habe ich mir meine kleine Belohnung nicht vorgestellt. In der Nacht schlafe ich schlecht. Viele Gedanken gehen mir durch den Kopf, und ich wache ständig auf. Ich bin völlig durch den Wind. Aber wenn das Teil meines persönlichen Regenerationsprozesses sein soll, dann ist das eben so.

AUF INS UNGEWISSE

Am nächsten Morgen kann es weitergehen, in den unbekannten Süden. Zum Glück habe ich noch ein paar Tipps von Boris bekommen, die ich zunächst ansteuern kann. Er ist ein absoluter Fan der Region und motiviert mich am Telefon zur Weiterfahrt. Also wieder auf ins Ungewisse, was habe ich für eine Alternative? Vorher wird noch im Supe markt E.Leclerc eingekauft und getankt, dort ist es so schön billig. Gerade will ich von der Zapfsäule wegfahren, da knallt es wieder. Diesmal scheint sich der Kupplungszug komplett verabschiedet zu haben. Der erste Gang ist noch drin, aber wohin nun damit? Der nächste Stopp bedeutet Endstation, bis der Schaden behoben ist. Rücksichtslos fahre ich in den Kreisverkehr ein und im gleichen Stil über den Parkplatz von E.Leclerc, bis in eine ruhige Ecke am Ende. Erst einmal Motor aus und sammeln! Einen Ersatzzug habe ich zum Glück dabei, er ist Teil meines Ersatzteil-Kits, das ich am letzten Tag in Hamburg noch abgeholt habe. Jetzt bitte keine festgefressene Schraube, dann sollte ich das Problem selbst beheben können. Ich gehe die Reparatur gelassen und konzentriert an, und nach

Surfschüler am Atlantik – ideale Bedingungen.

gut 45 Minuten ist alles wieder beim Besten, nur dass ich jetzt aussehe wie Sau. Aber das ist das kleinste Problem.

Die gelungene Reparatur hebt meine recht angeschlagene Stimmung, und wir gondeln weiter gen Süden mit Ziel Pointe de la Torche. Strand, Menschen, Strandbar, Parkplatz – was hatte ich anderes erwartet? Es gibt keinen Wind. Was soll ich hier also den ganzen Tag machen, und was die nächsten Tage und Wochen? Am Strand auf dem Handtuch liegen und lesen? Was mache ich hier überhaupt? In Hamburg ist Sommer, meine Freunde genießen das Leben, und ich hocke allein zwischen lauter Franzosen!

Zum ersten Mal auf der Reise beschleicht mich eine Art von Angst. Die Angst, einen Riesenfehler gemacht zu haben. Meine große Abschiedsparty am Strand liegt fünf Wochen zurück. Was passiert, wenn diese Tour einfach nicht funktioniert? Wenn ich abbreche, weil es allein schlichtweg nicht zu ertragen ist? Immer habe ich nach dem sinnbildlich perfekten Strand gesucht. Doch hier und jetzt könnte ich genau auf ihm stehen und würde ihn nicht erkennen. Ich googele das Gedicht »Stufen« von Hermann Hesse – es klingt völlig verrückt, aber Hesse hatte auf seine Psychoart noch immer recht:

»Es muss das Herz bei jedem Lebensrufe
Bereit zum Abschied sein und Neubeginne,
Um sich in Tapferkeit und ohne Trauern
In andre, neue Bindungen zu geben.
Und jedem Anfang wohnt ein Zauber inne,
Der uns beschützt und der uns hilft, zu leben.«

Ich suche mir einen Stellplatz für die Nacht, einen offiziellen Parkplatz für Wohnmobile von meiner Campingkarte, nicht weit vom Strand. Zu mehr Kreativität bei der Stellplatzsuche fehlt mir heute die Energie. Die Campingplätze, an denen ich vorbeigefahren bin, fand ich allesamt komplett grausam. Die Hoffnung,

STELLPLATZTIPP

PLOVAN

Vom kilometerlangen Sandstrand aus bietet sich ein traumhafter Blick auf den Sonnenuntergang über dem Atlantik.

47°54'56.6"N
4°22'44.1"W

hier auf nette Leute oder am besten noch andere Deutsche mit einem Bulli zu stoßen, habe ich aufgegeben. Hinzu kommt, dass es hier keine sauberen öffentlichen Toiletten gibt; zumeist sind es sogar Stehklos. Ich begebe mich in eine kleine Bar und bestelle ein Glas Wein, das beruhigt für den Moment. Danach gehe ich am Strand spazieren. Was mache ich hier noch mal genau? Ich wollte allein losfahren, einfach der Nase nach, um zu mir selbst zu finden und Zeit zum Nachdenken zu haben. Doch gerade das Alleinsein finde ich jetzt ziemlich blöd. Ich brauche neue Motivation für den weiteren Weg, sonst blockiere ich innerlich komplett.

In meiner Ratlosigkeit rufe ich meinen Freund Franky an. Er hat mal in Toulouse gelebt, ist Kiter und begeistert von den Stränden Frankreichs. Hoffentlich steckt das an. In einem über eine Stunde dauernden Telefonat berichtet er mir euphorisch von den tollen Spots im Süden, auf der Atlantikseite und auch am Mittelmeer. Er erklärt mir, wo man gut mit dem Bulli stehen kann und wo es die besten Partys gibt. Ich spüre, dass er mich beneidet und gern mit dabei wäre. Ich hätte ihn jetzt auch gern mit hier, aber er hat Familie, und ich bin auf dem Egotrip.

Nach dem Telefonat fasse ich wieder Mut. Ich verdunkele alle Scheiben im Bulli und genieße die Ruhe in meinem ganz eigenen Cocoon. Dieses Ritual werde ich noch häufig vollziehen, wenn mir einfach wieder alles zu viel ist oder zu fremd oder ich gerade nichts sehen, hören, riechen will. Mit den Magnetvorhängen alles so abdunkeln, dass von außen kein Lichtstrahl zu sehen ist. Die vielen Stunden an der Nähmaschine, um diese Teile mit über 100 kleinen Magneten zu nähen, haben sich jetzt schon gelohnt. Dann greife ich zum Tablet und surfe im Internet und bei Facebook – auch eine Therapieform, auf die ich noch öfter zurückgreifen werde. Dann bin ich wie ein Kind vor dem Fernseher: nicht ansprechbar, in einer anderen Welt, in der Welt meiner Freunde bei Facebook. So kritisch ich die Plattform auch sehe, hier und jetzt bin ich froh, dass sie mich aus der Realität beamt. Innerlich unaufgeräumt wie

▲
Meine Höhle – keine fremden Einblicke möglich.

ich bin, schlafe ich ein. Mein Rücken tut weh, und ich rolle permanent von der einen auf die andere Seite. Es ist alles freiwillig, und an Umkehren ist nicht zu denken. Also weiter geht's!

ALLEZ LES BLEUS!

Neuer Tag, neues Glück. Boris ist mir wieder einmal eine sehr große Hilfe bei der Suche nach der nächsten Destination: Concarneau. Als Profisegler war er viel hier unten und vermittelt mich sogleich an einen seiner Freunde, der bei einer Werft für Rennyachten arbeitet. Ich weiß nicht, was er hier angestellt hat, aber Boris steht sehr hoch im Kurs. Die Jungs von der Werft, vornweg Manu, kümmern sich trotz all ihrer Arbeit rührend um mich, das tut gut. Der Ort Concarneau ist sehr reizvoll. Im

Wie in Schweden,
nur am Atlantik.

Hafen, um den sich der gesamte Ort zu beiden Ufern rankt, ist jede Art von Boot anzutreffen, vom kleinen Segler über die Mega-Rennyacht bis hin zu großen Berufsschiffen. Ich packe das Elektro-Skateboard aus und mache eine kleine Stadtrundfahrt entlang der Strände südlich des Wassers. Hier und da verweile ich, die Landschaft mit ihrer felsigen Küste sowie die Häuser erinnern stark an Schweden, meine zweite emotionale Heimat. Die andere Uferseite wird vom historischen Stadtkern dominiert, der von hohen Festungsmauern umgeben ist. Dort sind kleine Geschäfte, Restaurants und der übliche Touristennippes zu finden. Bei meinem Rundgang entdecke ich einen kleinen Laden, in dem Menschen auf Bänken sitzen und ihre Füße in einen gläsernen, mit Wasser gefüllten Würfel stecken. Die vielen kleinen Fischchen in dem Würfel knabbern ihnen die abgestorbene Haut von den Füßen. Die Tiere müssen wirklich verzweifelt sein.

SLINGSHOT

Am Abend wird die Toleranz meiner neuen Freunde gleich auf die erste Probe gestellt: Deutschland tritt im Halbfinale der Europameisterschaft gegen Frankreich an. Autos brausen durch die Straßen und die Leute rufen »Allez les Bleus«. Mit »Bleus« sind die Nationalspieler in ihren blauen Trikots gemeint. Da mir Fußball weitestgehend egal ist, überlege ich noch, welcher Ausgang für mich am vorteilhaftesten wäre. Wenn Deutschland gewänne, könnte das einen kleinen Schatten auf die junge Pflanze unserer Freundschaft werfen … aber Deutschland verliert. Ich bin zwar in meinem Nationalstolz enttäuscht, aber so sei es denn, dafür habe ich meinen Frieden mit den Franzosen. »Allez les Bleus!«

Am nächsten Tag bekomme ich eine Privatführung durch die Werft. Ich kann sogar ein paar konstruktive Beiträge leisten, und so fachsimpeln wir bis zum Nachmittag. Danach stelle ich mich mit dem Bulli an einen schönen Strand und blase zum ersten Mal das SUP-Board auf. Vom Wasser aus lassen sich die ganzen Buchten noch viel besser erforschen. Vorher überlege ich noch fix, wie die Tide läuft, und los geht es. Mitten in einer ruhigen Ecke setze ich mich auf das Board und lasse die Beine ins Wasser baumeln, in der Hoffnung, dass die vielen kleinen Fischchen mir hier eine Gratis-Pediküre verpassen. Fehlanzeige, offensichtlich ist das Angebot an bekömmlicher Nahrung hier zu groß. Schade eigentlich.

Zurück im Bulli, hole ich die fehlenden Tage in meinem Lonely Planet Travel Journal nach. Oben rechts auf jeder Tagesseite befindet sich ein »Mood-Chart«, auf dem das allgemeine Wohlbefinden über den Tagesverlauf hinweg einzutragen ist. Ich kann seit Langem wieder Bestnoten vergeben, es geht mir richtig gut. Auf der nächsten Seite soll ich ein »Pie-Chart« von meinem Tag zeichnen: Was habe ich in welchem Kuchenstück des Tages erlebt? Zufrieden stelle ich fest, dass dies bis jetzt schon ein ereignisreicher und überaus schöner Tag war, und er ist noch nicht zu Ende.

▲ Smurfy – immer in der ersten Reihe.

◀ Zurück vom Stand-up-Paddling.

Am Abend bin ich wie selbstverständlich zu einer privaten Grillparty auf dem Lande eingeladen. Irgendwer habe sich gerade eine »Hütte« gekauft, und die gesamte Gang von der Werft werde dort sein. Die Hütte erweist sich als ziemlich alte Hofanlage, bestehend aus fünf Gebäuden und einer überdachten Freifläche, alles solide gebaut, aber auch extrem renovierungsbedürftig. Der alte Bestand an Bäumen und Sträuchern lässt es dornröschenmäßig verwunschen erscheinen. Eine große Aufgabe, aber eine sehr schöne, die sich unsere Gastgeber Cédric und Blanche da gestellt haben.

Cédric begrüßt mich freundlich, erwähnt aber zugleich, dass er enttäuscht von mir sei. Ups, was bedeutet das denn nun? Er habe gehört, dass ich einen tollen alten Bulli fahre, wieso ich nicht mit dem vorgefahren sei? Er bittet mich, Smurfy zu holen, und ich werde ganz verlegen, so auf dem Präsentierteller zu parken. Jeder schaut und staunt. Wenn ich in der Vergangenheit gelegentlich Probleme mit der überheblichen Art der Franzosen hatte, so möchte ich das hiermit auf den Süden der Nation einschränken. Die Basken hingegen sind einfach ein tolles Volk, so liebenswert; die Norddeutschen Frankreichs. Hier fühle ich mich sehr wohl.

Ich trinke die ersten drei Gläser Wein recht zügig, um lockerer zu werden und meine französischen Sprachkenntnisse zu verbessern. Dabei beobachte ich die eintreffenden Gäste. Um Kleidung scheint sich hier niemand besondere Gedanken zu machen. Sie kommen mit einer Flasche Rotwein oder einem Sixpack Bier in der einen Hand und einer Packung Würstchen oder einer Tüte Chips in der anderen. Da ich vorbereitet sein wollte, war ich vorher noch im Supermarkt und habe so ziemlich alles eingekauft, was auf einer Grillparty gefragt sein könnte, inklusive Grillfleisch, was sehr gut ankommt. Zu fortgeschrittener Stunde entdeckt ein Gast das E-Skateboard. Klar könne er es probieren, nur gibt es hier keinen Meter ebene Strecke, außer in der unbeleuchteten Scheune. Kurze Zeit später, ich

Mein Tagebuch. ▲

Smurfy ist der Mittelpunkt der Grillparty. ▶

FAR FAR AWAY
Travel Journal
MOOD CHART
morning
afternoon
evening

KULTURTIPP

ÎLES DE GLÉNAN

Die Îles de Glénan sind ein Archipel rund zehn Seemeilen vor der Küste, bestehend aus sieben Hauptinseln und zahlreichen kleinen Eilanden. Die weiten weißen Sandstrände vermitteln ein karibisches Flair. Auf der Hauptinsel Saint Nicolas gibt es ein Café und ein Restaurant. Fähren verkehren von Concarneau und Bénodet.

www.vedettes-odet.com

bin schon recht angetrunken, platziere ich Smurfy so vor der Scheune, dass er diese mit seinem Fernlicht ausleuchten kann, während die Gäste sich abwechselnd und unter großem Gejohle auf dem Skateboard versuchen – zum Glück ohne Verletzte. Ich bin so gerührt, dass ich Cédric eine Flasche besten Cava schenke, die ich noch im Auto hatte – was für eine tolle Lebensart, was für ein schöner Abend!

Am nächsten Morgen werde ich zum ersten Mal seit Langem von einem Wecker geweckt. Ziel des heutigen Tages ist eine Bootstour auf die Îles de Glénan, ein Archipel, gut eine Bootsstunde vor Concarneau. Das einzige Boot fährt um 10 Uhr. Nach einem schnellen Kaffee mit dem Gastgeber mache ich mich auf den Weg zum Hafen. So ziemlich auf die letzte Minute parke ich Smurfy im Halteverbot und springe auf das Schiff, das SUP-Board auf dem Rücken. Nach knapp einstündiger Fahrt legen wir auf Saint Nicolas an. Eine Rundtour mit einem Boot brauche ich nicht, das erledige ich selbstständig. Doch zunächst stelle ich fest, dass es mir noch entschieden zu kalt ist, was natürlich auch an meinem gewaltigen Hangover liegt. Die Sonne scheint ohne eine Wolke, ich kuschele mich in eine windstille Ecke und döse in den Tag. Viele Paddel- und Motorboote sind unterwegs, ich bin der Einzige mit einem SUP-Board. Ich baue auf und steuere von einer einsamen Insel zur nächsten, mache eine kleine Pause, freue mich des Lebens und paddele weiter. Jetzt wird mir klar, wieso Boris sagte, ich müsse unbedingt Kite-Material hierher mitnehmen. Mit dem Kite zwischen den Inseln unterwegs zu sein, würde das Ganze noch toppen. Doch dazu braucht es Wind, weswegen ich das ganze Material mit Smurfy am Hafen im Halteverbot stehen gelassen habe.

Um 18 Uhr holt uns das Boot wieder ab und steuert zurück nach Concarneau. Rasch laufe ich um das Auto, in Sorge, eine Parkkralle verpasst bekommen zu haben, aber nichts dergleichen. Also aufsitzen, nächster Stopp: Lorient La Base.

VERMÄCHTNIS DES KRIEGES

Lorient ist, wie soll ich sagen, quasi das Bremerhaven von Frankreich. Im Dritten Reich meinte Hitler, hier unbedingt eine Riesen-U-Boot-Basis aufbauen zu müssen. Somit wurde Lorient zum Ende des Krieges komplett ausgebombt, bis auf die U-Boot-Bunker, die nicht zu zerstören waren. Nach dem Krieg bestand die Stadt nur noch aus einem Haufen Schutt und Asche mit U-Boot-Bunkern und konzentrierte sich fortan auf den Bootsbau. Heute ist sie das Mekka des französischen Segelsports. Aus der Not wurde eine Tugend gemacht und der Hafen vor den Bunkern großzügig für Sportboote ausgebaut. Zudem gibt es ein Museum über das Leben und Schaffen von Éric Tabarly, den größten Segelpionier des vergangenen Jahrhunderts und Sohn der Stadt. Ach ja, und eine gute Bar findet man hier natürlich auch.

Andächtig schreite ich die Stege ab. Hier liegt ein beeindruckendes Boot neben dem anderen: Trimarane, Open 60 – was das Seglerherz begehrt, in Hülle und Fülle. Riesen der Ozeane, zumindest aus dem Blickwinkel des Segelsports, die teilweise von nur einer Person rund um die Welt gejagt werden. Die Franzosen sind komplett schmerzbefreite Segler und scheuen keine Herausforderung, wie bereits Éric Tabarly. Es ist spät, und ich begebe mich auf einen Drink in die Seglerbar. Hier und da noch ein netter Schnack, dann verkrieche ich mich wieder in meine eigene Basis im Schatten der Bunker – ein mulmiges Gefühl.

Am nächsten Morgen herrschen 18 Grad und Sprühregen, während es in Deutschland tollstes Wetter gibt – so haben wir nicht gewettet! Ich widme mich zunächst dem Tabarly-Museum und einer Bunkerbesichtigung. Als Deutscher betrete ich die Bunkeranlage mit gemischten Gefühlen. Ich habe keine rechte Lust, mir Vorwürfe zu machen oder machen zu lassen, aber die Franzosen hätten natürlich allen Grund für einen Fingerzeig … Was mich erwartet, ist eine nüchterne, sehr gut

aufbereitete Darstellung der Geschichte. Die Ausstellung bekommt rasch den Bogen von den konventionellen U-Booten, über Atom-U-Boote hin zu der atomaren Bedrohung der Neuzeit, der neuesten Zeit. Mit einer gehörigen Portion Respekt vor dieser sehr sachlichen Darstellung einer verheerenden Zeit, mache ich mich wieder auf den Weg. Mein Ziel ist die Halbinsel von Quiberon.

Nach dem Getrödel der letzten Wochen muss ich nun langsam Meter gen Süden machen, es ist der 10. Juli. In gut drei Tagen will ich mich mit meinen Freunden Kati und Hendrik auf der Île de Ré treffen, und zwei Tage später soll ich noch weiter südlich, auf der Höhe von Bordeaux, Besuch von meinem Freund Magnus bekommen, der mich vier Tage begleiten will. Nach der langen Zeit unter Franzosen freue ich mich auf bekannte Gesichter und darauf, Deutsch zu sprechen, auch wenn der relativ lange Weg fast schon in Stress ausartet.

Quiberon ist ein beliebter Kite- und Surfspot an der Westküste. Endlich wieder aufs Brett! Gemächlich cruise ich entlang des Nordufers, als ich die ersten Schirme in der Luft sehe – genial. Nach einer sehr entspannten Session begebe ich mich auf die Suche nach einem Nachtlager. Die Küste hier ist beeindruckend mächtig, mit hohen Klippen und starker Brandung, die gegen die Felsen schlägt. Doch sie ist auch wesentlich touristischer, als ich es aus dem Norden gewohnt bin. Daher traue ich mich nicht so recht, wild zu campen, und entscheide mich für einen ziemlich abgerockten Campingplatz. Egal, Hauptsache in Ruhe schlafen, und auf Campingplätzen schläft es sich doch entspannter. Heute möchte ich gern wieder vernünftig zu Abend essen gehen. Ich schwinge mich auf das Skateboard und düse zum nahe gelegenen Hafen. Es ist eher ein Minihäfchen, aber das Restaurant sieht vielversprechend aus, und auf dem Platz davor prangt ein extrem großer Fernseher. Finale – fast hätte ich es verpasst! Gastgeber Frankreich spielt gegen Portugal. Ich bin mal wieder mittendrin, statt nur dabei. Diesmal halte ich im Ge-

KULTURTIPP

CITÉ DE LA VOILE ÉRIC TABARLY

Für Segelfanatiker ist das Museum ein Muss. Richtungsweisende Entwicklungen im Segelsport wurden von Tabarly initiiert. Das Museum macht das Hochseesegeln greifbar.

www.citevoile-tabarly.com

MUSEE-SOUS-MARIN

Die U-Boot-Bunker sind beeindruckend und angsteinflößend zugleich. Hier wird Geschichte professionell aufbereitet und wertneutral vermittelt.

www.musee-sous-marin.com

Weitläufiger Campingplatz dicht am Kitestrand »Plage de Kerhillio«.

heimen zu Portugal und oute mich erst gar nicht als Deutscher. Es wird ein langes und dramatisches Spiel, aus dem Portugal im Elfmeterschießen als Sieger hervorgeht – geht doch! Ich überlege, ob ich mir einen Schriftzug für die Seite des Bulli schneiden lassen soll: »Allez le Bleus«, eingerahmt von zwei Smileys. Mal schauen, ob die Franzosen Spaß verstehen.

Der gestrige Kitespot war okay, aber der Wind kam direkt onshore – für das Wellenreiten eher ungünstig. Den Campingplatz brauche ich auch keine weitere Nacht. In Sichtweite, auf dem Festland, habe ich noch mehr Kites entdeckt, das schaue ich mir jetzt aus der Nähe an. Dort finde ich einen idealen Campingplatz zum Kiten vor: eine weitläufige Dünenlandschaft, in der die Camper weit verstreut sind, dazu ordentliche Sanitäranlagen. Die schmalen Trampelpfade über die Dünen führen zu einem Strand, der wenige Kite-Wünsche offenlässt. Ich sichere mir einen schönen Platz und fahre mit dem E-Skateboard zurück zur Rezeption, um meine Koordinaten bekanntzugeben. In Deutschland gäbe es dafür schon die Gelbe Karte, aber hier werde ich neugierig angesprochen und der Chef des Platzes dreht erst einmal selbst eine Runde.

Idealerweise würde man von hier aus eine Tour zu den Weingütern entlang der Loire starten. Die Stellplatzmöglichkeiten dort sollen sehr gut sein. Doch zum einen muss ich zusehen, dass ich weiterkomme, um meine Freunde zu treffen, zum anderen stelle ich mir eine Weinprobe allein recht einsam vor. Ich möchte mich am Probiertresen nicht aus der Not heraus mit irgendwelchen amerikanischen Touristen verbrüdern.

STELLPLATZTIPP

PLAGE DE KERHILLIO

Der Campingplatz Camping Municipal Kerhillio Plage ist weitläufig und befindet sich mitten in den Dünen. Direkt am Strand gibt es auch einen höhenbeschränkten Parkplatz. Sehr gut zum Wellenkiten. Zum Surfen empfehlen sich eher die Buchten an der westlichen Küste der Halbinsel Quiberon.

47°36'51.7"N
3°09'34.8"W

AUF INS TOURISTENMEKKA

Ich schließe mich mit Hendrik kurz: Die Île de Ré soll unser Treffpunkt sein. Bis dahin sind es über 300 Kilometer. Getreu dem Motto »Wer es eilig hat, nimmt einen Umweg«, wähle ich die längere Strecke entlang der Küste: durch Guérande, bekannt durch seine Salinen, und weiter vorbei an den Nobelbadeorten La Baule und Pornichet. Eine Stunde vor dem Ziel macht der Motor plötzlich Schwierigkeiten: Im mittleren Drehzahlbereich ist nichts zu holen, Vollgas klappt aber noch. Zudem neigt er dazu, im Standgas auszugehen – gerade jetzt, wo ich zum ersten Mal seit knapp drei Wochen ein fixes Etappenziel habe! Ich fahre rechts ran und schaue nach. Mit meiner quasi nicht vorhandenen Ahnung bringt das allerdings nicht viel. Also rufe ich den Schrauber meines Vertrauens in Hamburg an, meinen Telefonjoker. »Das kann so ziemlich an allem liegen«, ist die Antwort. Ich beschließe, die Probleme zu ignorieren, schließlich fährt der Wagen ja noch – wenn auch nicht besonders gut –, denn ich will jetzt einfach nur ankommen. Gegen kurz vor fünf rollen wir über die 2,9 Kilometer lange Brücke auf die Île. In Le Bois-Plage-en-Ré treffe ich auf Kati und Hendrik. Beide sind, von

Portugal kommend, seit vier Monaten mit ihrem T4 unterwegs, also in direkt entgegengesetzter Richtung.

Ich spüre, dass ich in der Region noch nicht richtig angekommen bin. Die Küsten sind touristisch recht erschlossen, die Orte relativ groß und eng bebaut. Die Franzosen im Norden haben mich vor dem Süden gewarnt: Dort werde viel geklaut, und die Menschen seien recht oberflächlich und unfreundlich, ganz im Gegensatz zu den Normannen und Bretonen. Hendrik eröffnet unser Treffen mit einem Bericht darüber, wie ihnen in Portugal die Scheibe eingeschlagen und eine Tasche geklaut worden sei. Bis dato habe ich mir überhaupt keine Gedanken über Diebstahl gemacht. Ich habe lediglich die üblichen Sicherheitsvorkehrungen getroffen, die Papiere in einen kleinen Tresor eingeschlossen und mich stets sicher gefühlt. Jetzt, in der ungewohnten Gegend mit ihren engen Gassen, bin ich verunsichert. Aber der Wind ist perfekt, und wir beschließen, erst einmal kiten zu gehen. Hendrik und Kati veranstalten einen Riesenzirkus: alles verdunkeln, Lenkradkralle anlegen, Wertsachen mitnehmen – ist wirklich jede Tür zu? Die gesamte Kite-Session über fixiere ich den Stapel Klamotten mit meinem Handy, Autoschlüssel und sonstigen Wertsachen, der recht einsam auf dem weiten, nahezu menschenleeren Strand liegt. Zurück an Land, kann ich es kaum abwarten, zum Bulli zu laufen und ihn auf Einbruchspuren zu untersuchen. So kann das nicht weitergehen! Wir düsen weiter, auf der Suche nach einem schönen Platz für die Nacht, natürlich wieder im Naturschutzgebiet. Wir fühlen uns zwar nicht ganz sicher, doch jetzt wird erst einmal lecker gegrillt.

An der Südwestküste Frankreichs, in der Aquitaine, steigt das Land nur sanft an, weswegen es hier keine Steilküsten gibt, dafür aber traumhaft lange und breite Strände mit vielen Lagunen – ein Paradies für Surfer und Strandurlauber. Biarritz, kurz vor der Grenze zu Spanien, gilt als Surf- und Partymekka Frankreichs schlechthin. Ruhige Oasen müssen gezielt gesucht werden, denn die Küste ist fest in der Hand des Tourismus und

KULTURTIPP

DUNE DE PILAT

Die 2,7 Kilometer lange und circa 500 Meter breite Sandverwerfung ist bis zu 110 Meter hoch und somit die größte Wanderdüne Europas. Neben Pilgerscharen, die im Sand herumstolpern, segeln Paraglider, in den Aufwinden der Düne an ihren Schirmen hängend, hin und her.

jedwede Parkplatzsituation klar geregelt. Die gefühlte Sicherheit ist hier geringer, sei es durch den Tourismus oder das südländische Temperament. Dafür herrscht im Süden vorwiegend Top-Wetter, begleitet von einer großartigen Brandung.

Den nächsten Morgen widme ich dem Motorproblem. Auf dem Weg zu unserem Nachtlager habe ich eine Werkstatt mit zahlreichen Oldtimern vor der Tür gesehen, darunter sogar ein VW T1. Es ist Mittwoch, der 13. Juli. Was ich nicht auf der Uhr habe: Morgen ist französischer Nationalfeiertag – Sturm auf die Bastille. In der Werkstatt steppt der Bär. Ich breche mir einen auf Französisch ab und kann den Chef nach gut einer Stunde sogar zu einer Probefahrt motivieren. »Problem mit dem Vergaser, nichts Schlimmes, Montag können wir das angehen, besser Dienstag.« Dienstag … Heute Abend kommt Magnus an, irgendwo in der Nähe von Bordeaux, gut 280 Kilometer weiter südlich. In meinem schlechten Französisch flehe ich ihn inständig an, ob er es nicht heute noch erledigen könne. Aus dem Nebenzimmer erklingt schallendes Gelächter: Es ist die Gattin des Chefs. Ich muss sogar selbst ein wenig lachen und ziehe unverrichteter Dinge wieder von dannen. Vor Montag werde ich nichts beschickt bekommen, nirgendwo in Frankreich. Ich beschließe, es mit Fassung zu tragen, und fahre zurück zum Strand, wo die anderen beiden schon kiten. Wir genießen die viel zu kurze Zeit zu dritt am Strand. Schade, ich hatte mich gerade wieder an Gesellschaft gewöhnt, und schon trennen sich unsere Wege. Aber ich werde ja nicht lange allein bleiben, sofern der Motor bis Bordeaux durchhält. Gefühlt läuft er schon viel besser als gestern, vielleicht fehlte ihm nur die Seeluft. Bis Montag wird es schon gehen.

DER BULLI HILFT SICH SELBST

Als Treffpunkt einige ich mich mit Magnus auf die berühmte Düne von Pilat bei Arcachon, westlich von Bordeaux, eine

Am Strand von Messanges. ►

wirklich beeindruckende Naturerscheinung und ein Touristenmagnet. Ich mag es überhaupt nicht, im Dunkeln anzukommen. Entlang der Düne reiht sich ein Campingplatz an den nächsten – allesamt typisch französische Familiencampingplätze mit Restaurant, Pool, Kinderanimation und was sonst noch so für den Familienfrieden erforderlich ist. Natürlich sind alle Campingplätze komplett ausgebucht, und ich finde im Dunkeln keine rechte Alternative. Mit viel Verhandlungsgeschick schaffe ich es um 23 Uhr dann doch noch auf einen Nobelplatz, direkt in der ersten Reihe an der Düne. Magnus stößt nach Mitternacht dazu.

Magnus kenne ich von meinem letzten Job. Er ist geschlagene 18 Jahre jünger als ich, was uns beide nicht stört, da das gemeinsame Ziel feststeht: surfen und maximalen Spaß am Strand haben. Er checkt mit einem Acht-Fuß-Longboard und reichlich Gepäck ein. Die nächsten vier Tage werden wir uns mein Reich teilen – wie ungewohnt. Es erweist sich als äußerst praktisch, dass ich in dem aufgestellten Dach quasi ein separates Gästezimmer herrichten kann. Das Begrüßungsfrühstück nehmen wir direkt auf der Düne ein. Wir setzen uns in den warmen Sand und genießen den beeindruckenden Ausblick – schön hier zu zweit.

Es ist Nationalfeiertag. Als nächstes Ziel entscheiden wir uns für Biscarrosse, einen recht jungen touristischen Ort, wo es sich bestimmt gut feiern lässt. Der offizielle Parkplatz für Camper ist zwar gratis und direkt am Strand, wir finden ihn aber weder schön noch sicher. Somit fällt die Wahl wieder auf einen offiziellen Campingplatz, diesmal aber mit hoher partyorientierter Jugendquote, und somit auch preislich angemessen. Der Tag wird von einem großartigen Feuerwerk gekrönt, wie es in Frankreich zum Nationalfeiertag in vielen Orten üblich ist, auch in Nizza. Und während wir hier in den Himmel schauen, rast 800 Kilometer weiter östlich ein irrer Fanatiker mit einem Lkw die menschenüberfüllte Promenade entlang, über 80 Menschen sterben. In was für einer Welt leben wir?

SALAT MIT HÄHNCHEN VON MAGNUS

ZUTATEN:
300 g Hähnchenbrust
150 ml Organgensaft
ca. 200 g Feldsalat
1 rote Paprika
60 g Cherrytomaten
½ Dose Mais
Pinienkerne
Salz & Pfeffer
Rosmarin (zum Marinieren)
Olivenöl
weißer Balsamicoessig

ZUBEREITUNG:
Hähnchenbrust mit Öl, Salz, Pfeffer, einem Teil des O-Safts und mit Rosmarin marinieren – kurz ruhen lassen.
Salat waschen und schneiden.
Dann das Hähnchen scharf anbraten, zum Ende die Pinienkerne mit dazu geben und goldgelb braten. Parallel das Dressing aus Öl, Essig, O-Saft, Salz und Pfeffer zubereiten, mit dem Salat mischen – fertig.

Am nächsten Morgen erfahren wir von dem Attentat und sind beide geschockt. Es fühlt sich hier in Frankreich unheimlich nah an. Mit gedämpfter Stimmung setzen wir unsere Reise entlang der Küste fort. An der Ausfahrt des Campingplatzes treffen wir auf einen T2. Man grüßt sich, und Magnus entdeckt Aufkleber auf der Tür, die vermuten lassen, dass er gemietet ist. Ich habe mir längst abgewöhnt, nach VW-Vertragswerkstätten für Smurfy zu schauen – die suchen erst mal eine Stunde lang nach dem Stecker für das Diagnosegerät und werfen dann das Handtuch. Aber ein nächster Werkstattbesuch ist längst überfällig, das hatte ich schon wieder verdrängt. Ich notiere also die Internetadresse, welche auf der Tür des T2 klebt, und erkundige mich dort später telefonisch, ob man eine fachkundige Werkstatt kenne. In Toulouse wäre eine, heißt es, die zudem einen Großteil der Teile für luftgekühlte VW vertreibe. Klingt vertrauenerweckend, das wären lediglich noch rund 400 Kilometer. Obgleich Toulouse gar nicht auf der Route liegt, plane ich einen Boxenstopp für Anfang kommender Woche ein, nicht ohne Hintergedanken.

Der Motor läuft nach wie vor nicht rund, und das Autofahren macht mir so überhaupt keinen Spaß. Ich habe keine Ahnung, was ich dem Motor zumute, wenn ich unnötig lange so weiterfahre. Irgendwann ist meine Laune auf dem Nullpunkt, und wir entscheiden uns, zeitnah unser Lager aufzuschlagen, idealerweise gleich bis Sonntag. Also erst einmal rechts ranfahren und die Google-Maps-Satellitenansicht in höchster Auflösung strapazieren. So entscheiden wir uns für Messanges. Zahlreiche Campingplätze jeglicher Klasse säumen die Straße zur Google-Markierung. Strandnah am Ende der Straße gibt es einen kostenfreien Parkplatz für Camper, auf dem man maximal zwei Tage stehen darf – passt so weit. Um den Puls wieder in den Ruhebereich zu bekommen, greife ich mir ein Bier und erkunde die Umgebung. Ich traue meinen Augen nicht, als ich in der hintersten Ecke des Parkplatzes zwei T2 aus Deutschland entdecke. Zur Begrüßung gibt es ein weiteres Bier, und beiläufig

Kenny, Patrick und Marlena ▶ leben den Surfer-Bullitraum.

SURF

Unverhoffte Rettung und tolle Gesellschaft.

merke ich an: »Wenn einer von euch jetzt noch einen Vergaser reparieren kann, bin ich absolut glücklich.« Patrick, der Besitzer des grauen T2, pariert spontan: »Kein Thema, ich kann gleich mal schauen, hab' einige Teile dabei.« In der Tat hat Patricks Bulli den gleichen Motor – und gefühlt das ganze Teil noch mal zerlegt auf dem Dach, inklusive Werkzeug. Schnell ist der Schaden grob eingegrenzt, da erreicht uns die Wind- und Wellenmeldung vom Spähtrupp des dritten Bulli im Bunde. Die Prioritäten sind rasch klar, und wir gehen erst einmal alle zusammen für eine ganz herrliche Session an den Strand – ich mit Kite-Material, der Rest mit Surfboards, alle im Neo. Ich fühle mich wie in dem Surffilm »The Endless Summer« aus dem Jahr 1966.

STELLPLATZTIPP
MESSANGES
In der gesamten Küstenregion ist das Freistehen nicht einfach. Die Campingplätze hier erfüllen ihren Zweck. Der Parkplatz in Strandnähe bietet eine gute Alternative für maximal zwei Nächte. Zum Surfen und Kiten ist der Spot optimal.
43°48'56.9"N
1°24'02.6"W

Als wir glücklich und zufrieden in der Dämmerung zu den Autos zurückkehren, stellt sich heraus, dass Patrick nicht nur super viel Ahnung von Motoren hat, sondern auch unfassbar hilfsbereit und motiviert ist, selbst noch zu später Stunde das Problem vollends aus der Welt zu schaffen. Ich bin sprachlos, während er mir jedes Detail in aller Ruhe erklärt und Tipps gibt, was am Motor zu prüfen oder zu verbessern wäre. Er setzt einen neuen Verteilerfinger in den Verteiler (klar: »Den sollte man immer dabeihaben.«), stellt den Motor präzise ein, und Smurfy läuft wieder wie am Schnürchen. Auf den Erfolg schmeißen wir den Grill an und öffnen einen guten Wein. Derweil ist es kurz vor Mitternacht, aber das spielt ja keine Rolle. Noch völlig überfordert von den Geschehnissen des Tages, schlafe ich ein. Wir können beruhigt weiterfahren, und eine To-do-Liste für den Schrauber in Toulouse ist auch schon erstellt. Sorgen scheinen auf einer Bulli-Tour reine Zeitverschwendung zu sein.

Das Attentat von Nizza noch in den Knochen, erreicht uns via SPIEGEL ONLINE die nächste Hiobsbotschaft: In der Türkei gab es einen Putschversuch. Ich greife zum Tablet und sehe Bilder, die ich bis dato im Europa der Gegenwart nie für möglich gehalten hätte: Hunderte Männer, nur in Unterhose im Dreck hockend, ihre Hände auf dem Rücken mit Kabelbinder fixiert.

Ihnen gegenüber bewaffnete Soldaten. Präsident Erdogan will das Land säubern; Wortwahl und Bilder weisen unweigerlich Parallelen zu den Kriegsvideos auf, die ich in den Bunkern von Lorient gesehen habe. 60.000 Soldaten, Richter, Polizisten, Staatsbeamte, Lehrer und Wissenschaftler werden in kürzester Zeit suspendiert, über 13.000 Menschen festgenommen, rund 11.000 Reisepässe für ungültig erklärt. Zum ersten Mal in meinem Leben mache ich mir ernsthaft Sorgen um die Sicherheit in Europa, die Sicherheit in Deutschland. Ich fühle mich traurig, aber zugleich in meinem Handeln bestätigt: Wenn morgen die Welt untergeht, habe ich wenigstens diese Tour gemacht!

BOXENSTOPP IN TOULOUSE UND STIPPVISITE IN HAMBURG

»Matze, wenn du nicht zu meinem 40. Geburtstag kommst, kündige ich dir die Verwandtschaft.« Diese Worte meiner Cousine klingen mir noch in den Ohren, fest zugesagt habe ich trotzdem nicht. Das wäre in der nächsten Woche. Nun könnte ich Smurfy in der Werkstatt in Toulouse abgeben und gegen kleine Münze mit dem Airbus-Firmencharter nach Hamburg fliegen. Zwei Fliegen mit einer Klappe: Familiensegen gerettet und Bulli überholt – so wird ein Schuh draus. Ich kläre die Details mit dem Reisebüro der Firma, das noch ein unterschriebenes Formular von mir benötigt, da meine Kreditkarte abgelaufen ist. Jetzt kommt sogar noch der Drucker zum Einsatz, den ich die ganze Zeit spazieren fahre. Ich bin froh, dass ich das Teil dabeihabe – dies soll aber auch der einzige Einsatz bleiben.

Der Abschied von den neu gewonnenen Bulli-Freunden fällt schwer. Neben toller Gesellschaft hat es sich auch unglaublich sicher angefühlt, einen Bulli-Experten an meiner Seite zu haben. Zusammen mit Magnus fahre ich nach Toulouse, wo ich am nächsten Morgen einen Termin in der Werkstatt habe. Der Experte in der Werkstatt stellt sich als »J.R.« vor und spricht zu unserer Überraschung Englisch. Ich überreiche ihm meine Mängelliste, die ich mühsam mit einem Freund ins Französische übersetzt habe. »Do we need to make any contract?« »No, I have your keys and your list, that is okay.« Für ihn sicher, für mich nicht so richtig. Aber jetzt auf Formalitäten zu drängen, das könnte unser Geschäftsverhältnis unnötig strapazieren. Ich fotografiere Smurfy ein letztes Mal vor der Werkstatt und verschwinde mit dem Taxi gen Flughafen.

WERKSTATTTIPP
SPEED-SHOP
Fachwerkstatt mit breitem Teilesortiment für Aircooled VW.
www.speed-shop.fr

Nach gut drei Wochen wieder in Hamburg aufzuschlagen, fühlt sich extrem befremdlich an, zum Glück ist meine Bude noch frei. Derweil berichtet SPIEGEL ONLINE über die nächste Katastrophe: In Würzburg ist ein 17-jähriger Flüchtling aus Afghanistan in einem Zug mit Beil und Messer auf die Reisenden losgegangen. Großstadt, Hektik, niemand hat Zeit – ich fühle mich wie ein Landei in Manhattan und muss das hier so schnell wie möglich hinter mich bringen. Ich bereue es nicht, die Reise für eine Woche unterbrochen zu haben, wird mir doch gerade die Welt, der ich just entflohen bin, schonungslos vor Augen geführt. Geprägt von der Freude, Familie und Freunde wiederzusehen – und einem rauschenden Fest –, lässt sich die eine Woche in Hamburg als extrem intensive Zeit mit schönen Erlebnissen resümieren. Die zentrale Erkenntnis aber lautet: Ich muss meine Reise um jeden Preis zu Ende bringen, die Straße ruft!

BLINDFLUG IN DIE PYRENÄEN

Wieder in Frankreich ist mein größtes Ziel, so schnell wie möglich in den Bulli-Modus zurückzufinden: Auto abholen, fix an den Atlantik und schön relaxen. Der Wecker geht um halb fünf, der Flieger um sieben, und die Spannung steigt gerade mit jedem Kilometer, den sich das Taxi auf den Speed-Shop zubewegt, wo ich den Bulli vor einer Woche abgestellt habe. Dass er noch da ist, steht außer Zweifel, da ich einmal pro Tag den GPS-Tracker im Bulli angefunkt habe. Einen Tag – Donnerstag – stand er

PILZPFANNE AUF GERÖSTETEM BROT VON PATRICK

ZUTATEN

Pilze – je nachdem, welche man vor Ort bekommt
Sahne
Salz
Pfeffer
glatte Petersilie
Weißbrot
Olivenöl

ZUBEREITUNG

Die Pilze putzen, in Scheiben schneiden und in einer Pfanne leicht anbraten.
Wenn die Pilze goldbraun sind und viel Volumen verloren haben, die Sahne hinzugeben. Das Ganze mit Salz, Pfeffer und glatter Petersilie abschmecken und ein wenig einkochen lassen.
Falls ein zweites Kochfeld und eine zweite Pfanne vorhanden sind, kann parallel das Weißbrot in Olivenöl leicht gerösten werden.
Sonst das Brot vor den Pilzen rösten.

in der Werkstatt, so teuer dürfte es ja dann nicht werden. Im Speed-Shop angekommen, zeigt sich Smurfy in bester Gesellschaft; ich zähle elf T2 und noch ein paar Käfer. Die Stunde der Wahrheit naht, als der Chef, der natürlich kein Wort Englisch spricht, die ordentlich handgeschriebene Rechnung hervorzieht. Ich schiele nur auf die Summe: 375 €, das ist in Ordnung. Was er gemacht hat, kann ich sowieso kaum nachvollziehen, obgleich er es mir Zeile für Zeile akribisch erklärt. Ich murmele der Höflichkeit halber hier und da ein »Ouääh-ouääh«, und er fühlt sich in seiner Arbeit bestätigt. Später stellt sich heraus, dass er nur ungefähr die Hälfte der Punkte von meiner Liste bearbeitet hat. Bulli-Schrauber betrügen nie, machen aber immer nur das, was sie auch selbst für vernünftig halten.

Jetzt erst einmal die Hühner gesattelt und Kurs auf die Küste genommen, nördlich an den Pyrenäen vorbei. Smurfy schnurrt, die Luft ist angenehm. Magnus und Hendrik haben ganz begeistert von den Pyrenäen erzählt. Einen Abstecher dorthin sollten wir unter den aktuellen Vorzeichen auch noch schaffen. Soll ich es wagen?

Ich muss hier kurz erklären, dass es drei Möglichkeiten der Zielfindung mit einem Bulli gibt. 1. Die fatalistische: Stumpf drauflosfahren, es wird schon gutgehen. 2. Die akribische: Google Maps strapazieren – dort, wo das Satellitenbild auch mit größtem Zoom noch gut aussieht, ist es in der Regel auch gut. 3. Die vertrauensvolle: Sich den Standort eines Insiders schicken lassen und losfahren. Die letzte Variante passiert bei mir meist völlig unreflektiert und ohne Überprüfung der Sachlage, so auch diesmal. Ich peile einen Punkt mit Wasserfällen an, von dem Magnus mir vor drei Wochen ein Bild geschickt hat. Mittlerweile ist es 17 Uhr, und damit ein wenig spät für ausgedehnte Bergwanderungen und Sightseeing. Ich morse Hendrik an. Die Koordinaten kommen per WhatsApp, und ich gebe sie gleich bei Google Maps ein – wird schon gut sein. Das Verkehrsaufkommen in den Pyrenäen erscheint mir sehr hoch. Zum Glück ist der Stau immer hinter mir. Ich bin gerade mal drei Stunden auf Tour und habe schon so viele Follower. Zweiter Gang, 3.000 Touren, der Motor erleidet keinen Stress, zumal die Luft schön frisch ist. Und so schrauben wir uns langsam aber stetig in die Höhe, bis über die Baumgrenze hinweg. Mein Adrenalinspiegel erreicht die Haarspitzen, als die schmale Straße auf der rechten Seite mehrere hundert Meter weit abfällt. Was ist das für eine atemberaubende Landschaft, und was ist das schon wieder für eine krasse Strecke! Ich wollte doch einen ganz ruhigen Tag verleben, und jetzt ist mein Puls schon wieder auf 200. Eine Kuhherde blockiert die Straße – ein tolles Bild. Ich steige aus und suche nach der richtigen Perspektive für den lucky shot. Kurz bevor ich den Auslöser drücke, fällt mir plötzlich auf, dass es eine reine Bullenherde ist. Du ahnst es nicht! Hoffentlich sind die Brüder entspannt – peace, love and harmony.

Auf leisen Sohlen schleiche ich zur noch offenen Fahrzeugtür. Wir rollen geschmeidig weiter die schmale Gebirgsstraße entlang, ab und an schießen uns Radfahrer entgegen. Dann zieht Nebel auf. Autolichter sind ja noch zu erkennen, aber was mache ich mit Radfahrern oder Motorradfahrern? Die lassen sich auch so schlecht von der Windschutzscheibe entfernen. Ich fahre mit 25 km/h weiter, einem Ziel entgegen, von dem ich nicht im Geringsten weiß, was es überhaupt ist. Aber jetzt ist Schluss für diese Nacht, denn ich habe genug erlebt, mehr als genug. Der Col d'Aubisque ist das Ziel meiner Reise ins Unbekannte: ein Parkplatz, eine Bar, ein Restaurant, ein Souvenirshop und noch so ein bis zwei Camper, alles ist leicht unscharf im Nebel zu erkennen. Aber so kann ich beruhigt schlafen. Zwei überdimensionale Rennräder am Straßenrand, aus Stahl geschweißt, lassen vermuten, dass es sich um einen Hotspot für Rennradfahrer handelt. Bei Prüfung der Faktenlage stelle ich fest, dass wir uns tatsächlich auf 1.709 Metern Höhe befinden und hier eine extrem anspruchsvolle Passage der Tour de France langführt. Ich besuche die nahe gelegene Bar und bringe bei einem Cidre zunächst meinen Puls wieder in den Normalbereich. Schön ist das hier, zwar kalt, aber ohne den Nebel sicher ganz schön. Bevor ich mich in den Bulli zurückziehe, schiebe ich noch einen großen Stein unter den Vorderreifen. Jetzt kann ich beruhigt schlafen.

Verschlafen ziehe ich die Verdunklung von den Fenstern ab. Da steht ein Pferd neben dem Bulli auf dem Parkpatz, dazu auch noch ein Schimmel. Too much für diese Uhrzeit. Ich öffne die andere Seite: Ein atemberaubender Blick über die Gipfellandschaft der Pyrenäen eröffnet sich vor mir, durchzogen von leichten Wolkenschleiern – traumhaft! Wieder ein Blick auf die andere Seite: Der Schimmel ist immer noch da. Jetzt erst mal einen Kaffee machen, und dann gehe ich der Sache auf den Grund. Langsam füllt sich der Parkplatz mit Wanderern, Radfahrer kämpfen sich den Pass hinauf, und im Hintergrund sehe ich weitere Pferde – Wildpferde –, dazwischen ein paar Schafe, in der Ferne höre ich Kuhglocken läuten. Ich greife nach meiner Kamera, schließe den Bulli ab und spaziere drauflos ins Blaue, auf Flip-Flops. Hier steht ein Skilift, und dort führt ein Bergkamm in die Ferne. Eine Wolkenwand schiebt sich von der einen Seite über den Kamm, den ich gerade erklimme, wie Zuckerwatte. Ich wandere weiter, immer weiter. An einem schönen Aussichtspunkt setze ich mich auf einen Felsen und schaue der wärmenden Sonne entgegen. Ich atme tief ein und aus, schließe die Augen, öffne sie wieder, bis ich wie in Trance ganz leicht werde. Ein Gefühl grenzenloser Freiheit überkommt mich, und es fühlt sich warm und wohlig an. Die Zeit scheint außer Kraft gesetzt zu sein.

Zurück beim Auto erwäge ich, noch ein paar Tage in den Pyrenäen zu bleiben. Aber ich bin kein Bergmensch und auch froh, wenn ich mit Smurfy wieder heil auf Meeresniveau angekommen bin. Hendrik und Kati mussten auf ihrer Bergfahrt in die Pyrenäen mit dem T4 vier Zwischenstopps einlegen, da der Motor ständig überhitzte. Smurfy dagegen ist ohne Mucken hier hoch marschiert. Die sollten sich mal ein ordentliches Auto zulegen – Luft kocht nicht!

STELLPLATZTIPP

COL D'AUBISQUE

Hier lässt es sich entspannt stehen, wenn die Touristenscharen abgezogen sind. Die Gastronomie und das Toilettenhäuschen sorgen für die erforderliche Entspannung.

42°58'35.7"N
0°20'23.1"W

»Verdammt, die haben ja Hörner!«

Beeindruckende Aussichten in den Pyrenäen.

HH VW 679H

WESTFALIA
HH VW 679H

N
W
O
S
BISKAYA
SAN SEBASTIAN
PANTIN
PLAYA DE LAGA
SAN XURXO
CABO CEBES
FRANKREICH
LIENCRES
PLAYA DE TRABA
LA HERMIDA
SANTIAGO DE COMPOSTELA
PORTO
SPANIEN
ATLANTIK
PORTUGAL
MADRID
MITTELMEER

02

SPANIENS ATLANTIKKÜSTE

VIVA ESPAÑA!

Die pure Neugierde treibt mich nach Biarritz, das französische Mekka des Surfens. Es ist Hauptsaison und die Stadt ist hoffnungslos überfüllt. Auf große Menschenmengen habe ich jetzt gar keine Lust, zumal ich häufig gewarnt wurde, dass besonders hier viel geklaut wird. Smurfy und ich cruisen gemütlich durch die vollen Straßen, schauen links, schauen rechts, entdecken jedoch nichts, was zum Verweilen einlädt. Haken dran und weiter geht es Richtung Süden nach Spanien.

CAMPERTIPP
In Spanien und Portugal muss eine genormte Warntafel an Überständen angebracht werden, die über das Heck hinausgehen (Fahrradträger, Heckboxen etc.). Die Strafe liegt bei über 100 €, die Tafel sollte am besten gleich aus der Heimat mitgebracht werden.

Lange fahren mag ich heute nicht, und so steuere ich den ersten Küstenspot hinter der Grenze an. San Sebastián plane ich für morgen ein. »Irgendwo hinfahren ist einfach, dort ankommen schwer.« Campingplätze gibt es genug, aber für schöne Stellplätze fehlt mir heute die Empfangsleistung. Ich steuere auf einen Küstenabschnitt zu, der bei Google Maps recht vielversprechend aussieht, das Kap Higuer. Kein Surfspot, wie sich herausstellt, keine coolen Leute, kein Platz zum Bleiben. Nach San Sebastián sind es noch gut 30 Kilometer. Ich bin schon lange neugierig auf diese Stadt, seit ich 1995 mein Auslandssemester dort absolvieren wollte. Aber habe ich heute wirklich Lust auf viele Menschen? Die Schilder weisen alle nach Donostia-San Sebastián … wo ist bloß dieses Donostia? Es stellt sich heraus, dass Donostia der baskische Name von San Sebastián ist. Alle Beschilderungen sind zweisprachig.

Stellplatzfrage, die zweite. Ich morse Hendrik an. Er ist ein totaler Fan der Stadt und schickt mir spontan drei Standorte in San Sebastián – »Donostia« lehne ich in Zeiten zunehmender Internationalisierung direkt ab. Die Stadt wird dominiert von zwei langen Stränden mitten in der City. Hier tobt das Leben – jung, surferlike, klasse. Der erste Stellplatzvorschlag liegt direkt an der Concha, der Copacabana Spaniens, direkt neben den angesagten Bars. Wie man hier in Ruhe übernachten kann, ist mir ein Rätsel. Ich interviewe ein paar Bulli-Fahrer, von denen die

STELLPLATZTIPP
SAN SEBASTIÁN
Am Aquarium: Parking Paseo Nuevo. Recht großer Bezahlparkplatz mit stylischer öffentlicher Toilette und tollem Sonnenuntergang. Zentral und fußläufig zur Altstadt gelegen.
43°19'29.5"N
1°59'36.5"W

meisten jedoch vor Sonnenuntergang wieder abrücken wollen. Das ist nicht meine Welt, also auf zu Tipp Nummer zwei, dem Aquarium am Fuße der großen Jesusstatue – die nächste Parallele zu Rio.

Ich greife mir mein Skateboard und düse in die Altstadt, auf der Suche nach einer Tapas-Bar, unterstützt durch TripAdvisor. Die Tapas- und Weinkultur in Spanien ist einfach das Größte. Ich steuere auf eine gemütliche kleine Bar zu. Der Tresen steht voll mit den leckersten Kleinigkeiten, und der Wein für 1,50 € das Glas schmeckt einfach klasse. Ich liebe die spanische Lebensart. Zurück am Bulli empfängt mich ein grandioser Sonnenuntergang. Glücklich, eine kleine Oase im Großstadttrubel gefunden zu haben, schlafe ich ein.

Am nächsten Vormittag widme ich mich einem kurzen Sightseeing-Programm, gegen Mittag sitze ich auf gen Westen. Und wieder die leidige Frage nach dem Ziel – ich bin noch nicht wieder im Fluss. Ist das hier überhaupt meine Gegend? Ein Abstecher in die Rioja-Region wäre eine Option, wird jedoch mangels Begleitung gleich wieder verworfen. Ich morse Patrick an, habe jetzt Lust, ein paar Tage an einem entspannten Surfspot rumzuhängen. Er ist noch in Galicien, ganz im Westen, gibt mir aber einen guten Tipp: Playa de Laga.

Die Nordküste Spaniens ist von Bergen und Hügeln gesäumt, die in Meeresnähe in steile Felsformationen und kleine Sandbuchten münden. Die Landschaft gleicht dem Alpenvorland und wirkt ziemlich verlassen. Irgendwo dort oben verläuft der Jakobsweg. Zwangsläufig stelle ich mir vor, wie Hape Kerkeling sich gerade durch die Berge kämpft. Aktuell kann ich nicht sagen, ob die Gegend etwas für mich wäre, es sieht hier schon recht einsam aus. Ich kann mich auch noch nicht festlegen, ob ich Nordspanien wirklich mag, von den Tapas mal ganz abgesehen.

Stadtstrand von San Sebastián.

Die Straße nach Laga schlängelt sich die Steilküste hinab. Der Playa de Laga ist eine überschaubare Surfbucht mit einem großen Parkplatz, drei Bars und einer Surfschule. Gesamteindruck: alternativ mit Hang zum Abgerockten, also erst mal gar nicht schlecht. Ich parke in der Nähe von zwei deutschen Bullis. Hier zu stehen, kostet zwar nichts, ist aber auch nicht ganz zulässig. Nach Aussage der Nachbarn werden Camper von Zeit zu Zeit verjagt, vorwiegend am Wochenende. Doch nach Aufbruchsstimmung sieht es hier nicht aus, eher nach Woodstock im Taschenformat. Zunächst mache ich ein ausgedehntes Schläfchen am Strand auf meinem Lamzac (einem aufblasbaren Schlafmöbel, das aussieht wie ein überdimensionales Paar Würste), und dann erforsche ich die lokale Gastronomie, sofern man das so nennen kann.

STELLPLATZTIPP

PLAYA DE LAGA

Großer, kostenfreier Parkplatz mit zahlreichen campenden Surfern und guten Bars für einen Drink.

43°24'30.7"N
2°39'28.6"W

Ich gehe aufs Ganze und bestelle das Teuerste von der Karte: ein Schinkensandwich für 4,50 €. Ernüchterung stellt sich ein, die ich sofort mit zwei Gläsern Wein kompensiere. Mich irritieren die Stimmung und die Jugendlichen hier am Spot, und ich recherchiere ein wenig zur wirtschaftlichen Situation Spaniens: Die Jugendarbeitslosenquote der 15- bis 25-Jährigen liegt bei 44 Prozent, wobei der Norden gegenüber dem Süden noch gut abschneidet. Das ist heftig, wo mag so eine Entwicklung hinführen? Irritiert und begleitet von der großen Frage, ob ich mit dem Norden noch warm werde, gehe ich ins Bett.

Patrick ist wieder einmal meine große Rettung. Er ist auf dem Rückweg aus Galicien. Bis vor Kurzem war ich noch extrem stolz, so viele Kilometer mit dem alten Bulli abzureißen, doch mit 5.000 Kilometern in einem Zwei-Wochen-Urlaub versaut Patrick echt den Schnitt. Traumberuf Fernfahrer, oder was?

Wir verabreden uns auf halber Strecke zwischen Bilbao und San Sebastián, ich freue mich unendlich auf die Gang. Wie sollte es anders sein, der Spot ist ein Träumchen. Oben auf der Klippe in vorderster Reihe gibt es wenige begehrte Parkplätze. Bei offener

Heckklappe lassen sich Spot und Meer weit überblicken. Eine bunte Ansammlung von entspannten Surfern rundet das Paket ab. Das ist Bulli-Surf-Fotoromantik vom Feinsten, wie schon in Messanges. Patrick und Co. schaffen mit den weiteren T2 diese besondere Back-to-the-80s-Atmosphäre. Die Stimmung überträgt sich auf alle umstehenden Bullis, wir haben eine großartige Zeit: chillen, surfen, essen, Spaß haben. Schade, dass die anderen morgen schon wieder gen Heimat aufbrechen werden. Die Küste Nordspaniens – das Baskenland, Kantabrien, Asturien und Galicien – bildet die südliche Grenze der Biskaya, die für ihre Stürme und Wellen bekannt ist: eine zauberhafte, touristisch wenig erschlossene Landschaft mit vielen Hügeln und guter regionaler Gastronomie. Perfekt für Surfer, die Ruhe und Weite suchen. In der Gegend herrscht jedoch häufig durchwachsenes Wetter.

THREESOME

Am Vormittag ist große Abreisewelle an unserem zauberhaften Spot. Kenny und Patrick beladen ihre T2-Bullis, was an sich schon eine echte Schau ist. Die dekorativen Sachen wie Werkzeugkiste, Kanister und Surfbretter kommen aufs Dach, der Rest wird innen verstaut. Ich verabschiede mich schweren Herzens. Dann muss ich mir ab jetzt wohl wieder allein weiterhelfen. Zurück bleibt dennoch ein fröhlicher Haufen bunt gemischter Charaktere in ihren Bullis – vorwiegend Deutsche –, und es scheinen ständig Neue dazuzukommen.

Schon am Vormittag sind mir die vielen Wanderer aufgefallen, die direkt über den Parkplatz auf den Fußweg entlang der Klippen zusteuern. Es ist ein interessantes Bild, wie sie sich – ähnlich einer Ameisenschar – hintereinander auf dem Weg reihen. Die meisten verweilen auf der Spitze des Anstieges, die ins Meer hinausragt, weit in der Ferne. Ihre Silhouetten mit den großen Rucksäcken zeichnen sich deutlich ab. Ich greife zu meinem Führer »Jakobsweg, der Küstenweg«. Selbiger lag fünf Jahre lang bei mir im Regal. Damals habe ich ernsthaft mit dem Gedanken gespielt, den Jakobsweg zu gehen. Nicht, dass mich das Buch von Hape Kerkeling angefixt hätte, im Gegenteil, eher fand ich es zu gewöhnlich, sodass mich der große Erfolg des Buches abschreckte. Sehnen sich die Menschen so danach, einfach mal alles hinter sich zu lassen und dem Sonnenuntergang entgegenzulaufen? Hape ist nicht den Küstenweg entlanggelaufen, weswegen ich vermutete, dass dieser, von den Pilgerzahlen her, noch erträglich sein sollte. Auch damals habe ich Wikipedia strapaziert: In meinem Geburtsjahr waren es 67 Pilger, das nenne ich überschaubar. 2006 wurde erstmalig die 100.000er-Grenze gesprengt, 2010 waren es 270.000 und danach eigentlich immer über 200.000 Pilger im Jahr. Wie man in dieser Masse seine Ruhe finden soll, war mir komplett schleierhaft. Die Suche nach einer Herberge wird sicher zum zentralen Thema. Vor Sonnenaufgang loslaufen, mittags bereits das Bett sichern und bis zum Sonnenuntergang verteidigen? Der Gedanke törnte mich komplett ab, und das Buch wanderte mitsamt dem Gedanken an eine Pilgerreise durch Nordspanien ins Bücherregal. Die Grundidee – einfach Sachen packen und los – fasziniert mich seitdem. Ob zu Fuß, mit dem Fahrrad, dem Boot oder sonstwie, da wollte ich mich schon damals nicht festlegen. Ein 37 Jahre alter Bulli kam mir noch nicht in den Sinn, soweit entsinne ich mich.

Pilgern ist eine andere Welt, und dieses Buch vermittelt einen unmittelbaren Eindruck davon. »Empfehlenswerter Weg an der Steilküste: Wollen Sie (der Leser und Pilgerbruder beziehungsweise die Pilgerschwester wird gesiezt) dem gut 2 Kilometer langen Verlauf der Steilküste folgen, gehen Sie am Bushäuschen nach rechts auf die Straße, die in Richtung »Playa« führt und folgen ihr 900 Meter weit, bis sie beim Barrio San Miguel in einer kleinen Ortschaft ankommt und dort eine Rechtskurve beschreibt.« Die Pilger werden sicher mit tief in den Führer gesteckter Nase die Steilküste entlanglaufen, denke ich bei mir. Das könnte lustig anzuschauen sein.

Stellplatz, Strand und Jakobsweg.

Die hinter meinem Bulli vorbeipilgernde Realität sieht ein wenig anders aus: Zwei Drittel sind mit dem Handy unterwegs und fotografieren die ganze Zeit, wie Japaner auf einer Fünf-Tage-Europatournee. Sicher gibt es inzwischen eine Jakobsweg-App, über die man Herbergen reservieren und fehlende Ausrüstung nachordern kann. Aber ich möchte den Weg nicht kaputtreden. Allesamt sind sie gut drauf und pilgern fröhlich vor sich hin den Steilhang hinauf.

Ich schließe Smurfy ab und entscheide mich spontan, meine Trauer über den Abschied bei einem kleinen Pilgerspaziergang zu verarbeiten. Nach einer Asiatin und zwei Amerikanern, beide mit Gitarre, erobere ich mir einen Platz in der Pilgerreihe. Zwangsläufig lausche ich den Gesprächen der Amerikaner, das stört mich, und ich überhole, bis ich der Asiatin dicht auf den Fersen bin, die sich öfter irritiert nach mir umschaut. Dann überkommt mich dieser ganz natürliche Drang, den der Morgenkaffee irgendwann zwangsläufig erzeugt. Jetzt zurückfallen lassen, ist keine Option. Einfach in die Büsche schlagen, quasi vor den Füßen meiner neuen Pilgergeschwister, wäre auch die falsche Geste. Ich warte, bis ich an dem schönen Aussichtspunkt am Gipfel des Pfades vorbei bin, und hoffe, dass die beiden Amis dort verweilen (und meinetwegen eine Runde Gitarre spielen oder singen) werden. Der so erzielte Vorsprung reicht gerade für die Pinkelpause aus. Jetzt muss es aber in einem weniger wettbewerbsorientierten Modus weitergehen, sonst ergibt der ganze Weg keinen Sinn. Aber nicht, ohne zuvor noch die Asiatin zu überholen.

Ich habe freie Sicht nach vorn und drossele mein Tempo, als ob ich bis Santiago de Compostela durchmarschieren wollte. Zu meiner Linken die hügelige Landschaft Kantabriens, zur Rechten die steile Felsküste. Der Weg hat eine spürbar positive Energie, die mich immer weiterzieht, denn eigentlich wollte ich nur ein paar Meter gehen. Hinter der nächsten Kurve taucht vor mir Santander auf, ein beeindruckender Anblick einer wirklich schönen Stadt. Vom Boot aus oder mit dem Auto habe ich schon viele unbekannte Städte erobert, per pedes ist das eine ganz neue, aber umso reichere Erfahrung. Ich laufe vor bis zu der Ecke, von der aus ganz Santander perfekt zu überblicken ist, und halte eine Weile inne. Ganz in Gedanken verloren, höre ich ein leises Surren in meinen Ohren und fühle mich sofort ganz erhaben. Ist das schon der Ruf des Weges, der mich nach dieser kurzen Strecke ereilt? Ich drehe mich um – und schaue in zwei riesige Radargeräte, die dicht hinter mir zirkulieren, ihre Radarwellen tanzen sicherlich gerade mit den wenigen aktiven Gehirnzellen in meinem Kopf Tango. In Ermangelung der ersehnten Erleuchtung deutlich enttäuscht, trete ich den Rückweg an und tauche unter dem Radar weg, vorbei an sehr ansprechenden Ferienhäuschen, die für diesen Blick offensichtlich die Verstrahlung in Kauf nehmen. Nach wenigen Metern kommen mir die Amerikanerin und die Asiatin fröhlich plaudernd entgegen. Ich schnappe nur den Gesprächsfetzen auf: »… and when did you decide for God?« Nein, jetzt wird nicht wieder umgedreht, obgleich mich die Antwort echt interessiert, sind dies doch die Dialoge, die diesen Küstenweg zum Pilgerpfad adeln. Hoffentlich antwortet sie nicht so etwas wie: »Oh no, I just wanted to book a really different trip through Europe than the rest of my family.« Obgleich es sehr esoterisch klingt: Der Rückweg in Richtung Osten hat eine andere Energie. Vielleicht liegt es an der Massenanziehungskraft der Großstadt Santander oder dem Radar oder was weiß ich, doch der Körper läuft nicht so automatisch wie auf dem Weg nach Westen.

Zurück am Auto angekommen, sortiere ich zunächst meine sieben Sachen, guten Mutes durch die Wanderung, aber immer noch traurig, dass die anderen T2 nicht mehr da sind. Dann geht es jetzt wohl erst einmal allein weiter. Nur: Wo will ich hin? Soll ich noch eine Nacht bleiben? Dieser Stellplatz ist wirklich zu schön: Heckklappe auf, und vom Bett aus überblicke ich die ganze Bucht aus einer Höhe zwischen 50 und 100 Metern.

Da reckt sich plötzlich ein Kopf durch meine halb geöffnete Bulli-Tür. Jonas? Stimmt, den wollte ich noch anrufen, aber wo kommt der nun her – vor allem hierher auf den gefühlt hintersten Parkplatz der Welt? Ich bin völlig verwirrt. Das verräterische Element ist rasch identifiziert: Er hat schlichtweg meinen GPS-Tracker seit einigen Tagen verfolgt und ist dann recht fix, in knapp zwei Tagen, von Deutschland über Paris bis hierher geprescht, wobei sein Transporter kaum schneller fährt als Smurfy. Sukzessive weicht die Überraschung der puren Freude, denn auf die gemeinsame Zeit mit Jonas habe ich mich echt gefreut, nur war nie wirklich klar, wann und wo sie beginnen würde.

Von außen betrachtet, haben wir gar nicht so viele Gemeinsamkeiten. Auch die Autos ähneln sich nicht ansatzweise: Sein Renault Master ist, mit Smurfys Lampen beleuchtet, einfach riesengroß, sehr funktional und praktisch, entbehrt aber jegliche Stilelemente. Es ist einfach ein großes Auto – ohne Namen, ohne

Stil, aber mit wahnsinnig viel Platz. Die auf der Heckscheibe aufgeklebte Orchidee wirkt eher deplatziert denn als Surfersymbol. Die Surfboards auf dem Dach reißen es gerade noch raus. Sonst würde sich der ein oder andere sicher fragen, was denn der Paketdienst aus Deutschland hier am Strand zu suchen habe. Und schon kommen wir zum angenehmen Teil der Liaison – Jonas hat einfach alles dabei: ein Fahrrad, die erwähnten Surfbretter, sogar Crashpads zum Bouldern (allein die würden Smurfy komplett ausfüllen) und die vielen kleinen Annehmlichkeiten, die meinem Streben nach Minimalismus zum Opfer gefallen sind. Jonas ist Ingenieur, was viele seiner Charakterzüge recht gut widerspiegeln. Hier sind auch die Elemente unseres gemeinsamen Nenners zu finden. Jedoch würden gute Freunde mir zwar nie das Technikverständnis, aber sicher die typischen Eigenschaften eines Vollblutingenieurs absprechen. Altersmäßig trennen uns 14 Jahre, aber in puncto Empathie und Harmoniebedürfnis stehen wir uns beide in nichts nach, und das zählt auf dieser Tour vor allem anderen. Er ist sozusagen der perfekte Reisebegleiter, sowohl im Hinblick auf gemeinsame Interessen als auch auf Komplementärbedürfnisse. Zu zweit ist es einfach schöner. Auf meinem Lonely-Planet-Mood-Chart habe ich es allein nur selten auf einen Happyness-Faktor von über 60 Prozent gebracht. Und doch wollte ich keinen dieser Tage missen, keinen der orientierungslosen Gedanken, die allesamt sehr wertvoll waren, und keine der intensiven Eindrücke und Begegnungen.

Bei einem ersten Bier verarbeitet Jonas die Strapazen der langen Fahrt und ich das Überraschungsmoment, als ein Peugeot 107 mit Plöner Kennzeichen und zwei Surfboards auf dem Dach auf den Parkplatz rollt. Ein Peugeot 107 fällt in die Kategorie der Kleinstfahrzeuge und ist für unsere Begriffe eher ein Überraschungsei auf Rädern als ein Auto. Wir machen noch Witze, wie es die Karre wohl von Norddeutschland bis hierher geschafft hat – da verschlägt es uns beiden synchron die Sprache. Aus dem Auto steigt Lina, die Schwester unseres gemeinsamen Freundes Julian. Stimmt, er hat erwähnt, dass sie hier in der Gegend

◀ Unglaublich schöner Ausblick von meinem Bett auf die Bucht.

unterwegs sein soll. Aber hat auch sie die Nummer von Smurfys Tracker? Anscheinend schon! Um Lina zu beschreiben, fange ich ohne schlechtes Gewissen bei Äußerlichkeiten an: Sie ist mit ihren knapp 30 Jahren extrem gut gebaut, hat lange, blonde Haare und eine unglaublich gewinnende Ausstrahlung. Ihren Körper zieren Tattoos, die nie die Absicht hatten, unauffällig zu sein. Auf dem Arm sind es geschwungene Notenlinien mit einer singenden Katze und einem Retromikrofon, darunter der Text »I Walk My Line« – ein Zitat von Johnny Cash, das ihren Lebenswandel sehr trefflich beschreibt. Auf der rechten Hüfte befindet sich ein weiteres Tattoo, dessen herausstechendes Element ein Colt ist, der wie in einem Halfter steckt – aktuell steckt er in einem Bikini-Slip. Lina reist schon eine ganze Weile mit ihrem Auto durch die Gegend, in dem sie auch schläft. Sie bezeichnet das als puren Luxus, denn bis vor ein paar Tagen habe sie noch zu zweit in der Knutschkugel geschlafen – schier unvorstellbar, bei dem ganzen Gepäck. Denn Lina hat beim Packen den Fokus ganz anders gelegt. So kommen – neben den obligatorischen Surfsachen – nach und nach ein Skateboard, zwei Hula-Hoop-Reifen, Jonglierkegel und – darf in keinem Auto fehlen – eine Ukulele zum Vorschein. Lina ist ein Sonnenschein auf Rädern!

Sie hat lediglich die Spots an der Küste aus dem Stormrider Surf Guide abgefahren, auf der Suche nach der perfekten Welle. Einen Moment lang habe ich mit der Dichte an Überraschungen zu kämpfen und bin unsicher, ob mit so einem Trio Ruhe und Frieden zu finden sind, denn von außen betrachtet sind wir ein sehr gemischter Haufen. Es dauert jedoch nicht lange, bis sich eine gemeinsame Harmonie einstellt, die auch rasch die umstehenden Surfer mit einbezieht, darunter viele interessante Bekanntschaften, die wir in den folgenden Tagen immer mal wieder treffen.

Am nächsten Morgen erwache ich und öffne die Gardinen Richtung Meer. Trotz unendlichem Blau ziehen ständig Rucksacktouristen vorbei. Die Pilgerschar, die gestern noch vor dem Auto entlanglief, schaut mir jetzt direkt durchs Fenster. Von

Lina und Jonas kommen glücklich vom Surfen zurück.

Gemeinsamer Ausflug in den Ort.

Zeit zu Zeit positioniert sich Pilger Nummer eins vor meinem Auto, während Pilgerbruder oder -schwester ein Foto schießt, meine Präsenz natürlich komplett ignorierend. Erfahrungsgemäß reißt der Strom vor der Mittagshitze ab, doch aktuell stört er meinen Morgen. Ich beschließe, im Baumarkt gelbes Spray zu besorgen und die Markierungen des Weges ein wenig umzudefinieren. So werde ich die Meute erst einmal gepflegt im Kreis über den Strand jagen und auf eine kleine Kletterpartie an der Steilküste schicken. Bei einigen Pilgern frage ich mich ohnehin, wie sie die Strecke ohne medizinische Betreuung überleben wollen. Allerdings hat Hape es schließlich auch bei mittlerer bis schlechter Kondition geschafft.

Nach dem gemeinsamen Frühstück steht ein Ausflug in den gut fünf Kilometer entfernten nächsten Ort auf der Liste. Zwar haben wir ausreichend Fortbewegungsmittel dabei, aber kaum eines zweimal, geschweige denn dreimal. Jonas wählt das Fahrrad, Lina ein Skateboard und ich das Elektro-Skateboard, dann geht es mit viel Gejohle los zum Einkaufen. Jonas zieht Lina an einem Seil hinterher, bis sie es bergab loslässt, worauf das Seil spontan die Speichen blockiert – nix passiert. Wir kaufen ein, trinken Kaffee in der sehr netten Surferbar und widmen uns der Morgentoilette, aber am meisten freue ich mich schon wieder auf den Rückweg. Gegen Mittag setzt Regen ein, typisch für Kantabrien. Es ist Samstag, was für meine Zeitrechnung tendenziell egal ist, doch am Wochenende pilgert der Spanier nebst Großfamilie zum Strand, um zu schauen, ob das Wasser noch da ist oder was sie da sonst so tun, im Regen. Wir sitzen in Jonas' Auto und schnippeln fleißig an den Zutaten für eine Tortilla. Das geplante Grillen wird aufgrund der vorherrschenden Wetterlage vertagt.

KANTABRIEN ME GUSTA

Neuer Tag, neues Glück. Von wegen, es regnet immer noch. Davon völlig unbeeindruckt, finden sich wieder unzählige spa-

TORTILLA VON JONAS

ZUTATEN FÜR 2 PERSONEN:
500 g Kartoffeln (festkochend)
150 g Zwiebeln
100 g Käse
4 Eier
250 ml Olivenöl
2 Knoblauchzehen
Salz, Pfeffer

ZUBEREITUNG:
Kartoffeln in mundgerechte Stücke schneiden, dann mit viel Salz kochen, bis sie fast fertig sind – abgießen. Ei, Milch, Käse, Salz und Pfeffer vermischen und über die Kartoffeln schütten. Zwiebel und Knoblauch in ordentlich Öl anbraten, Gemisch dazu geben.
Circa 1 Minute bei starker Hitze braten, anschließend etwa 10 Minuten bei niedriger Hitze das Ei stocken lassen. Wenn nötig, Öl am Rand nachkippen. Die Pfanne mit einem Brett bedecken und wenden, sodass die Tortilla anschließend mit der braunen Seite auf dem Brett liegt. Etwas Öl in die Pfanne geben und die Tortilla wieder hineinschieben. Die Tortilla mit dem Brett wieder wenden und servieren.

nische Familien zur Kontrolle des Wasserstandes ein. Auch in der Nacht herrschte eine rege Frequenz auf dem Parkplatz. In Kombination mit den Pilgern ist uns das zu viel Verkehr bei zu wenig Wetter. Unisono stellen wir fest, dass wir mit diesem Spot jetzt durch sind, satteln die Pferde und reiten weiter – hoffentlich in Richtung Sonne. Der Peugeot vornweg, dann Smurfy und schließlich Jonas. Es sieht aus wie die automobile Antwort auf die Bremer Stadtmusikanten.

Ich bin irgendwie nicht gut drauf, und das Wetter macht mich heute fertig. Dass es bei Regen im Inneren von Smurfy hier und da leicht feucht wird, ignoriere ich inzwischen. Darüber, dass dieser blöde Scheibenwischer jetzt schon wieder den luftleeren Raum links neben mir wischt, anstatt die Scheibe direkt vor mir, kann man dagegen nicht so leicht hinwegsehen. Ich hatte gehofft, das Thema wäre aus der Welt. Noch einmal ziehe ich die entsprechende Mutter nach, was natürlich nichts bringt, und beschließe, dass es auch ohne Scheibenwischer gehen muss. Das Wetter wird ohnehin bald besser werden. Nach einigen Umwegen erreichen wir Liencres, denn Lina navigiert als Einzige noch klassisch mit Karte (aus dem Stormrider Surf Guide). Es hat in der Tat aufgehört zu regnen, als wir auf einem Parkplatz mitten im Naturschutzgebiet ankommen – auf einer Anhöhe mit atemberaubendem Blick über die Dünen und zwei Buchten, die ideal sind zum Surfen. Sogar eine Bar ist am Spot, perfekt für einen späten Mojito. Vorher wird noch der Scheibenwischer repariert, aber diesmal ingenieurmäßig gründlich. Ich kann doch nicht an so einem Teil kapitulieren!

Alle drei Autos stehen in erster Reihe, mit Blick auf die Dünen. Ein perfekter Platz zum Grillen. Hinter uns tobt der Mob, der Parkplatz ist riesig, aber dies lässt sich beim Blick nach vorn ausblenden. Wir genießen den Abend am Grill vor den Autos, mit Mojitos von der Bar. Lina holt Leucht-Pois hervor, leuchtende Bälle an Schnüren, die bunte Kreise in den Abendhimmel malen – traumhaft!

STELLPLATZTIPP
PLAYA LIENCRES
Sehr großer Parkplatz direkt an den Dünen im Naturschutzgebiet. Von vielen Campern genutzt, die dort nur geduldet werden und von der Naturschutzbehörde unerwünscht sind. Es gibt zwei Surfschulen und gute Einsteigerwellen. Leider ist der Spot ziemlich überfüllt.
43°27'01.7"N
3°57'48.1"W

Vorbereitungen für das Grillen mit alten und neuen Freunden.

Sonnenuntergang am Strand von Liencres.

SMURFY

Der Blick vom Stellplatz über den trubeligen Playa de Gerra.

Am nächsten Morgen spüre ich leichte Ohrenschmerzen und stelle fest, dass ich innerlich irgendwie unaufgeräumt bin. Ich beschließe, nicht mit Lina und Jonas surfen zu gehen, und ziehe mich für ein ausgedehntes Yoga-Programm zurück: Ich nehme mein Strandtuch und setze mich im Schneidersitz in eine entlegene Ecke der Dünen; die Handrücken auf den Knien, Daumen und Zeigefinger berühren sich. Dann wird erst einmal geatmet; mindestens 20 Minuten lasse ich die Luft in alle Zellen meines Körpers strömen und erspüre, wie es sich anfühlt – das tut gut. Als ich die Augen wieder öffne, fühle ich mich wie auf einer anderen Ebene, fast high durch den ganzen Sauerstoff in meinem Körper. Es folgen ein paar Yoga-Figuren. Da ich dabei nicht so geschickt bin, gehen die Figuren bald in reguläre Dehnübungen über, alles mit einem bewussten Fokus auf Rhythmus und Atmung. Das gesamte Prozedere hat sicher eine Stunde gedauert. Jetzt fühle ich mich endlich wieder gut und sortiert. In dieser Stimmung setze ich mich an die Bar, bestelle einen frisch gepressten Orangensaft, schaue und genieße, bis Lina und Jonas vom Surfen zurückkommen.

Für den Nachmittag miete ich mir ein Acht-Fuß-Softboard von der Surfschule. Nachteilig an diesem Spot ist, dass hier unfassbar viele Menschen am Strand und im Wasser sind. Ich erkämpfe mir ein paar Wellen und habe das Gefühl, dass ich ganz gute Fortschritte erziele. Knappe zwei Stunden ziehe ich das durch, dann brauche ich eine Pause. Die folgende Session ist keineswegs eine Fortsetzung der Lernkurve. Inzwischen brechen die Wellen noch dichter am Strand, es sind noch mehr Leute im Wasser, und zu allem Elend scheinen ständig weitere Surfschulen mit bis zu 20 Leuten hinzuzukommen. Als lernwilliger Surfer halte ich einfach drauf. Würde ich für jeden, den ich umniete, eine Kerbe ins Board machen, der Verleih würde die Rücknahme verweigern. Als ich dann ernsthaft dicht an spielenden Kindern vorbeischieße, wechsele ich den Standort. Neues Spiel, neues Gück. Ich wage mich in die Fluten vor. Die erste große Welle erfasst mein Board und das der Frau neben mir. Ihr

Board schlägt mir mit voller Wucht auf die Nase. Wenn die jetzt gebrochen ist, bringe ich sie um. Nun habe ich final die Nase voll – im wahrsten Sinne des Wortes – und breche die Aktion ab. Scheint noch mal gut gegangen zu sein. Board zurück zum Verleih, Bier auf, Nase kühlen und entspannen, bevor die ganze Erholung vom Vormittag über den Jordan geht.

Gegen Abend kehrt langsam wieder eine geordnete Ruhe auf dem Platz ein, da schleicht ein Spanier mit Umhängetasche und blauem Polohemd von Camper zu Camper und erklärt irgendetwas. Er scheint offiziell von der Naturparkverwaltung zu kommen und sagt, dass wir nicht über Nacht hierbleiben dürfen. Das ist ja erst mal eine stramme Behauptung, zumal Lina schon öfter hier war. Inhaltlich ist es zwar völlig korrekt, dass in Naturschutzgebieten nicht gecampt werden darf, auch waren die großen Verbotstafeln am Eingang zum Parkplatz nicht zu übersehen, zu interessieren scheint es aber keinen der Camper. Das Desinteresse bleibt bei den meisten auch nach dem Besuch des Offiziellen bestehen. Joni und ich sind verunsichert, Lina rät von übereiltem Aktionismus ab. Wir beschließen, die Fahrbereitschaft aufrechtzuerhalten und es heute mal nicht so krachen zu lassen, dann machen wir weiter wie geplant. So verfährt auch der Großteil der umstehenden Camper.

Nichts passiert, aber so richtig gut geschlafen habe ich dann doch nicht. Lag es am wenigen Alkohol oder an der Tatsache, unerwünscht zu sein? Am nächsten Morgen steht der Kollege in selbigem Polohemd wieder auf der Matte, sichtbar frustriert, dass seine Autorität nicht gefruchtet hat. Er notiert fleißig die Nummernschilder und erklärt, dass er als Nächstes mit der Guardia Civil wiederkomme. Wir klettern auf die Düne und lassen noch einmal unsere Blicke über den übervollen Parkplatz schweifen. So richtig wohl haben wir uns an diesem Spot nicht gefühlt, und das lag sicher auch an diesen Menschenmengen und vielleicht auch an den vielen Klopapierfetzen in den Dünen. Nebenbei deutet Jonas auf die zahlreichen Sekuritglassplitter auf dem Asphalt –

STELLPLATZTIPP
PLAYA DE GERRA
Der Strand von Gerra ist recht bevölkert. In Strandnähe gibt es öffentliche Parkplätze und etwas östlich eine große private Wiese auf einem Hügel, wo die Übernachtung 5 € kostet. Geboten werden Ruhe und ein grandioser Blick. WCs, Duschen und Müllcontainer findet man ein gutes Stück entfernt an den Strandzugängen.
43°23'51.5"N
4°21'24.4"W

das ist wohl auch nicht gerade der sicherste Platz. Also sitzen wir auf und reiten weiter gen Westen. »Ein bisschen ruhiger«, lautet der einvernehmliche Wunsch für das nächste Ziel.

Die Wahl fällt auf Gerra. Über einen schmalen Schotterweg gelangen wir auf eine Wiese oben auf den Klippen mit einem unfassbar großartigen Blick über die Bucht. Die Autos stehen weit verteilt, unten am Strand tobt das Leben, aber hier oben ist es herrlich friedlich – that's what I like. Während die beiden zum Surfen aufbrechen, bleibe ich bei den Autos. Mir scheint, als bräuchte ich mal wieder Zeit und Ruhe für mich allein, das soll sich auch in den folgenden 24 Stunden nicht signifikant ändern. Nicht, dass ich schlecht drauf wäre, aber bei dieser Flut von neuen Eindrücken, Gesichtern, Orten, dem Abwägen von Gefahren und der Suche nach der perfekten Harmonie brauche ich Momente, in denen einfach einmal keine weiteren Eindrücke hinzukommen, ich mich auf gewohntem Territorium einbuddeln und in mir ruhen kann. So hat der Kopf genügend Zeit, die letzten Tage zu verarbeiten. Vielleicht nutze ich auch unbewusst die Chance der angenehmen Gesellschaft, um endlich einmal in Sicherheit auszuspannen.

WARMBADEN DE LUXE

Linas letzter Abend steht an, und wir begehen ihn bei Pasta und Wein auf der Klippe mit diesem unglaublichen Ausblick. Hinzu gesellt sich noch eine neue Bekanntschaft: Heike, nebst Hündin Leila. Es ist schon der pure Luxus, fast jeden Abend den Sonnenuntergang über dem Atlantik, sozusagen von der eigenen Terrasse aus, betrachten zu dürfen und dann bei Meeresrauschen einzuschlafen. In den letzten Wochen musste ich nur wenige Tage auf dieses beruhigende Schlaflied verzichten. In Hamburg habe ich einen Bildschirmschoner auf dem Fernseher: Meerespanorama inklusive Meeresrauschen. In harten Zeiten hilft mir das, mich zu entspannen, aber das Original ist durch nichts zu

Zur Abwechslung mal Berge: die Picos de Europa.

ersetzen. Nur wenigen Menschen ist dies vergönnt, wenn sie ihren Urlaub in Hotelburgen oder irgendwelchen Appartements verbringen. Dabei braucht es doch so wenig, um dieses Glück zu erleben. Ein Glück, dessen Fortsetzung mit dem ersten Wimpernschlag des nächsten Tages beginnt, wenn ich meinen Blick aus dem Auto heraus über den weiten Atlantik schweifen lasse, der ruhig und friedlich daliegt.

Herzzerreissende Abschiedsszenen beenden das Gedankenspiel des nächsten Morgens. Lina geht ihrer Wege, denn sie muss in den nächsten Tagen arbeiten. Jonas und ich suchen zu zweit weiter nach der perfekten Welle und hoffen auf ein wenig Wind, damit das Kitegepäck gelüftet werden kann.

Südlich von unserem aktuellen Standort befindet sich das bis zu 2.700 Meter hohe Gebirgsmassiv Picos de Europa, eine beeindruckende Formation. Die schauen wir uns jetzt mal aus der Nähe an. Während in meiner kleinen Welt Gebirge bis dato immer recht gemächlich anstiegen – unten ein paar Wiesen mit kleinen Bauernhäuschen und Kühen, die dann allmählich steiler wurden –, sind die Gebirge hier wesentlich extremer. Steile Felsformationen ragen empor, genauso wie sich plötzlich tiefe Schluchten auftun. Es ist eine schroffe Landschaft, in der ich ohne Navi hoffnungslos verloren wäre. Von Freunden hat Jonas aufgeschnappt, dass es mitten in den Picos einen Ort mit warmen Quellen gibt. Der Himmel ist heute wolkenverhangen, perfekt zum Warmbaden. Die Quellen sollen sich am Ende der Ortschaft La Hermida in der Nähe eines Vier-Sterne-Hotels unter einer Brücke befinden. Für eine Touristenattraktion erscheint mir so ein Platz mehr als merkwürdig, aber was soll's – los geht's. Es nieselt wieder. Gespannt schalte ich den Scheibenwischer ein. Heute funktioniert er, wird jedoch nur sporadisch eingesetzt, um das Schicksal nicht zu sehr herauszufordern.

Um Rückenproblemen vorzubeugen, beschließe ich, ab jetzt ordentlich und aufrecht am Steuer zu sitzen, anstatt auf dem

CRANBERRY RÜHREI VON LINA

ZUTATEN

Eier
Milch
frische Kräuter (Schnittlauch)
Cranberry-Nuss-Mix

ZUBEREITUNG:

Eier und Milch wie üblich zu Rührei verarbeiten. Auf den Teller geben und mit den Kräutern und dem Cranberry-Nuss-Mix bestreuen.

Lenkrad herumzulümmeln. Interessante Perspektive, nur fehlt irgendwie die Hälfte des Bildes. Die Sonnenblende befindet sich jetzt auf Höhe der Augen, die Straße ist zwar gut zu erkennen, aber die Berge so gar nicht, was bei dem Wetter auch fast egal ist.

Zum Zwecke der Orientierung laufen wir zunächst einen Parkplatz an. Da bemerken wir vereinzelte Personen, die in Badeklamotten mit einem Handtuch um die Hüften zu ihren Autos gehen. Na schau, denke ich, die Fährte sollten wir aufnehmen. Mit Badesachen bewaffnet, pilgern wir die Straße hinauf. Das muss man kennen: Hinter einer Brücke führt ein schmaler Pfad zum Fluss hinab. Im Flussbett sind kleine Becken mit Steinen abgegrenzt, darin liegt eine Handvoll sichtbar zufriedener Touristen. Als bekennender Warmduscher muss ich mir das einfach genau ansehen, und tatsächlich: Hangseitig unter der Brücke strömt warmes Wasser in den Flusslauf. Originell – und zugleich sehr nützlich, um dem angespannten Rücken etwas Gutes zu tun.

Nach einer Tapa und einem Gläschen Wein in dem verträumten Bergdorf geht es wieder auf Meeresniveau. Ziel ist Vega, ein kleines Fischerdorf in einer bezaubernden Bucht mit einigen wenigen Bars und Restaurants. Wir passieren das obligatorische »Camping verboten«-Schild und stoßen auf eine recht große Schar von Campern, die es sich trotz des Verbots komfortabel eingerichtet haben. Das Wetter klart auf, und für die nächsten Tage ist sogar Wind vorhergesagt. Den Sundowner beschließen wir heute auf dem Dach von Jonas' Bus zu uns zu nehmen, genauso wie eine französische Familie mit zwei kleinen Kindern neben uns. Und als von der Sonne nur noch eine winzige Sichel zu sehen ist, ruft die Franzosenmutti: »Au revoir le soleil!« Und die kleinen Mäuse sprechen ihr nach: »Au revoir le soleil!« Ein wunderschönes und berührendes Bild zum Sonnenuntergang über dem Atlantik.

Der vorhergesagte Wind erreicht die Bucht von Vega nicht so recht. Zudem muss Jonas langsam Meter gen Westen machen, er hat Tickets für das Boom Festival in Portugal. Eine Woche

KULTURTIPP

LA HERMIDA

Warme Quellen im Río Deva, am Ortsausgang beim Hotel Balneario de La Hermida.

43°15'06.7"N
4°36'25.9"W

STELLPLATZTIPP

PLAYA DE VEGA

Playa de Vega lädt mit einem großen Stellplatz am Strand und drei Bars beziehungsweise Restaurants zum Verweilen ein. Darüber hinaus gibt es gute öffentliche Duschen und Toiletten. Dass es sich hier um ein Naturschutzgebiet handelt, scheint niemanden zu interessieren. An der Auffahrt zum Parkplatz wird von »Offiziellen« ein geringer Obolus kassiert.

43°28'44.9"N
5°08'12.1"W

mit rund 30.000 Leuten im Hippiestyle an einem See im Inland verbringen – das würde mich auch reizen, denke ich so bei mir. Doch zunächst wird der Kite- und Windsurfingguide auf der Suche nach einem geeigneten Spot strapaziert. An den vorgeschlagenen Orten treffen wir aber weder auf Kiter noch auf gute Bedingungen; die Region hier, rund um Gijon, scheint nicht so recht zum Kiten zu taugen. Der Tag neigt sich dem Ende zu, und wir haben noch keinen zufriedenstellenden Stellplatz gefunden – manchmal ist der Wurm drin, so auch heute. Es ist der letzte Abend unserer Zweisamkeit. Mir ist stets extrem wichtig, dass der letzte gemeinsame Abend noch einmal unvergesslich wird, bleiben doch bekanntermaßen der erste und der letzte Eindruck in Erinnerung. Nachdem die konventionelle Suche mithilfe des Kiteguides erfolglos bleibt, zoomen wir uns auf Google Maps entlang der Küste von Osten nach Westen und entdecken einen Vorsprung an der Steilküste: Cabo Cebes.

Die letzten 300 Meter führen über einen Holperweg zum Ende der Klippe auf einen kleinen Parkplatz. Der Wind pfeift, der Ausblick von hier ist atemberaubend, vielleicht 100 Meter unter uns tost das Meer. Allein wäre es mir hier zu einsam, zu zweit ist es perfekt. Wir nutzen die Autos als Windschutz und errichten unser Lager. Zur Feier des Tages wird heute gegrillt. Spät abends steigen wir von Bier auf Saft mit Rum um und stellen nach zehn Tagen fest, dass wir einen recht ähnlichen Musikgeschmack haben. Zumindest ist das, was Jonas mag, recht dicht dran am Trance und Techno meiner Jugend, es heißt heute nur anders. Spotify macht es möglich: Wir veranstalten unsere eigene Party, bei zunehmender Lautstärke, wen kümmert das schon hier oben. Es ist ein wunderschöner und unvergesslicher letzter Abend.

ALLEIN, ALLEIN

Am Morgen dieses 7. August trennen sich unsere Wege. Jonas macht Meter Richtung Portugal, ich werde weiter die Küste entlanggondeln in der Hoffnung, doch noch auf Kiter zu stoßen. Tagesziel ist die obere Ecke der Westküste Galiciens. Das Navi veranschlagt 1 h 50 min für den direkten Weg, der Weg an der Küste entlang dauert 2 h 45 min, aber ich habe ja Zeit. Zwischendurch stellt das Navi ständig fest, dass es einen kürzeren Weg gebe, und fragt, ob ich den wählen möchte. Wenn es mich für bekloppt erklären wollte, jetzt wäre der Zeitpunkt dafür. Am Ende werde ich mit allen Wellnesspausen 4 h 30 min für die Strecke benötigen.

Ich höre »Heut hab ich Zeit« von Silbermond und genieße die Fahrt. Ich komme an klasse Stränden vorbei, die bei diesem Wind perfekt zum Kiten wären. Es kitet aber niemand. Wahrscheinlich würden sich alle erschrecken, wenn ich jetzt mein Material aufbaue. Für die Tour habe ich es mir zur Maxime gemacht, nicht allein an Spots kiten zu gehen. Entweder sollten noch andere Kiter auf dem Wasser sein oder sich jemand an Land befinden, der weiß, dass ich dort bin, falls mir etwas zustößt. So wird es heute nichts mit dem Kiten.

Pantín erreiche ich gegen 17 Uhr – wieder so ein Geheimtipp von Patrick, wieder unschlagbar. Ein großer Parkplatz mit vielen Bullis und entspannten Leuten, gesäumt von zwei Bars. Der Strand ist überschaubar groß, und es läuft eine tolle Welle – für Surfer. Den Kiter stört der Berg in Luv, der in der Bucht für arg verwirbelten Wind sorgt. Zufälligerweise treffe ich auf zwei Franzosen, die sich zeitgleich bei der Rescue erkundigen, ob Kiten gestattet sei. »Für maximal drei Leute«, lautet die Auskunft. Was für ein Quatsch, aber wir sind ja genau drei. Eine halbe Stunde später stehen wir also alle hochmotiviert im Neo neben unseren Kites. Die Bedingungen sind … ausbaufähig. Franzose Nummer eins versucht sein Glück und scheitert. Kurze Zeit später kommt Kandidat Nummer zwei ins Spiel, er schafft immerhin zwei Wenden, bevor der Kite im Wasser landet. Na, dann wollen wir denen mal zeigen, was Phase ist. Hochmotiviert starte ich und mühe mich mit dem Kite ab. Ich nehme Fahrt

STELLPLATZTIPP

PLAYA PANTÍN

Playa Pantín ist ein Surfer-Hotspot in der Region zu sein. Zwei Bars und ein großer Parkplatz lassen wenige Wünsche offen.

43°38'20.9"N
8°06'33.8"W

auf und schaffe es durch die Brandung ziemlich weit hinaus, leider dorthin, wo die Abdeckung durch den Berg recht stark ist, dafür die Klippen in Lee umso näher. Der Kite plumpst vom Himmel, so ein Mist. Der Schirm ist einfach nicht wieder in die Luft zu bringen, da der Wind direkt über dem Wasser noch mal geringer ist, und ich treibe nach Lee. Jetzt cool bleiben! Es besteht keine Gefahr für mein Leben; da sind Rettungsschwimmer und die beiden Franzosen. Erst einmal die Gedanken sortieren. Lehrbuchmäßig verklare ich mein Zeug und peile die Küste an, die blöderweise sehr weit entfernt ist. Geschätzte 20 Minuten paddele ich in Richtung rettendes Ufer, wo ich Anerkennung von meinen neuen Freunden ernte. Das reicht dann auch an Sportprogramm für heute, jetzt fix duschen und dann mit den anderen Spezis vom Strand moralisch auf den Sonnenuntergang vorbereiten. Sicher finden sich nette Leute für einen entspannten Schnack, die umstehenden Bullis lassen hoffen.

Neuer Tag, neues Glück. Die Windvorhersage ist super. Heute muss es gelingen. Ohne große Erwartungen steuere ich die nächste Empfehlung aus dem Kite-Guide an: San Xurxo. Auf dem Weg dorthin lasse ich das Rescue-Manöver des gestrigen Tages noch einmal Revue passieren: Von allen Rettungshilfsmitteln, die es gibt, hatte ich kein einziges im Einsatz – leichtsinnig. Auf dem Parkplatz stoße ich auf ein Doppelachser-Wohnmobil mit Hamburger Kennzeichen, das schafft spontanes Vertrauen. Andreas ist auch Kiter, tourt schon seit einigen Wochen mit diesem Riesenteil die Küste entlang und ist gerade im Begriff, den Kite aufzubauen. »Be my buddy!«, denke ich mir, sensibilisiert durch den gestrigen Tag, denn der Wind frischt auf, und die Wellen sind gut zwei Meter hoch, Tendenz steigend. Ganz nebenbei erwähne ich im Gespräch die Notfalltelefonnummer, die im Bulli – von außen gut sichtbar – über dem Kühlschrank klebt. Es ist natürlich nicht meine, diese würde im Notfall wenig nützen, sondern die Handynummer meines Bruders. Der ist zwar so gut wie nie über Handy zu erreichen, aber mir fiel nichts Besseres ein.

Neuner-Kite aufgebaut, und ab in die Wellen. Das sind die Bedingungen, die ich mir von Anfang an für meine gesamte Tour gewünscht habe. Recht konstanter Wind von der Seite, Wellen um die zwei Meter hoch, keine Klippen, Felsen oder sonst was im Weg und genug Platz. Ich erlebe eine epische Kite-Session, anders kann ich es nicht beschreiben. I love it! Zur Peakzeit sind vielleicht 50 Kites in der Luft, dazu noch etwas mehr Windsurfer, die sich alle gut über den Strand verteilen. Diese Bedingungen habe ich mir immer erträumt, jetzt darf ich sie erleben.

Aufgrund des großen Erfolges geht es am nächsten Tag gleich weiter, mit vergleichbaren Bedingungen – mega! In der Mittagspause erwähnt Andreas einen weiteren Spot, an dem er sich für den Nachmittag mit Freunden verabredet hat: Santa Comba. Warum nicht?

STELLPLATZTIPP
PLAYA DE SAN JORGE (SAN XURXO)
Die Bucht ist der perfekte Surf- und Kitespot. Im Süden gibt es zwei Parkplätze, die einen guten Zugang zum Strand ermöglichen. Duschen, Toiletten und Müllcontainer sind in top Zustand vorhanden. Ein Restaurant (Casa Claudina) findet man direkt vor Ort, Reservierung für den Abend empfohlen.
43°31’22.1”N
8°18’37.1”W

DIE MESSE IST GESUNGEN

Vor gut zehn Tagen habe ich einen SPIEGEL ONLINE-Artikel über die schönsten einsamen Bulli-Stellplätze entlang der Atlantikküste gelesen. Wie lange die nach so einer Veröffentlichung wohl noch Geheimtipps sein mögen? Einer ist mir besonders in Erinnerung geblieben, weil ich ihn so freaky fand: Die Kirche Santa Comba steht auf einem Felsen im Meer und ist nur bei Ebbe über einen Parkplatz auf dem nahe gelegenen Felsen zu erreichen – da kann so eine Messe schon mal lange dauern, denke ich mir. Jetzt stehe ich auf dem Parkplatz, oben auf dem Felsen, die ziemlich schroffe Kirche zur Rechten und einen mindestens genauso schroffen Spot zur Linken, zudem ballert der Wind wie verrückt. Der vordere Teil des Strandes liegt im Windschatten des Parkplatzes, weswegen man ein wenig weiter hinten einsteigen sollte, jedoch nicht zu weit, denn dann kommt schon ziemlich bald eine Felsformation im Wasser. Ob sich davor noch weitere Felsen unter der Wasseroberfläche befinden, weiß ich nicht. Es nützt nichts, ich bin heiß wie Frittenfett und

Schlümpfe sind nun mal klein – der letzte Abend mit Jonas. ▲

Perfekter Stellplatz am Playa Pantín. ▶

Zugang nur bei Ebbe:
die Kirche Santa Comba.

mache einen Russenstart recht weit vorn am Strand. Bei einem Russenstart handelt es sich um ein Manöver fernab dessen, was in der Kiteschule gelehrt wird. Der Kite wird ziemlich direkt in der Powerzone gestartet und schießt dann wie eine Rakete in den Himmel. Der Vorteil dabei ist, dass der Kite extrem fix in der Luft ist, was Sinn macht, wenn der Wind am Boden nicht verlässlich ist. Zentraler Nachteil ist jedoch, dass unter Umständen auch der Kiter mit solcher Macht hochgerissen wird, dass er die Gewalt über den Kite verliert und irgendwo aufprallt, bevor er ihn wieder unter Kontrolle hat. Mein Kite schießt in die Luft und bekommt ab circa zwei Drittel der Flughöhe Wind, sehr kräftigen, böigen Wind. Wieso bin ich eigentlich nicht an dem anderen Spot geblieben, da war doch alles so schön sicher? Ich schätze die Wellen streckenweise auf über 2,50 Meter. Ungefähr ein Dutzend Kiter ist unterwegs, die sich aber gefühlt wesentlich mehr in die Quere kommen als in San Xurxo. »Du hast dir anspruchsvolle Bedingungen gewünscht, hier hast du sie. Also raus mit dir!«, rede ich mir zu. Ich schlage mich wacker, bin jedoch weit davon entfernt, die Session zu genießen, da es mir schlichtweg zu gefährlich ist. Hier das Brett zu verlieren, kann schnell ein Problem bedeuten. Die Jungs hier scheinen aber wesentlich entspannter mit dem Risiko umzugehen. Andreas kommt dazu, auch er hat echt zu kämpfen. Nach einer guten Stunde beende ich die Session. Wesentlich schlechtere Kiter als ich versuchen draußen immer noch ihr Glück, aus meiner Sicht zu dicht an den Klippen. Andere Top-Kiter liefern eine wirklich klasse Show. Ich habe alles erlebt – und lebe noch. Was will ich mehr? Das wird mit einem ordentlichen Abendessen im Ort gefeiert.

Es ist schon lange dunkel, als ich zum Parkplatz zurückkehre, wo Andreas mich seinen Freunden vorstellt. Wir sitzen im einmalig liebevoll ausgebauten Bus von Marco, seines Zeichens Tischler und Fotograf, und trinken Wein und Rum. Unsere Blicke schweifen immer wieder zu den Klippen in Lee hinüber, wo seit geraumer Zeit ein Hubschrauber kreist, offensichtlich auf der Suche. Hat es einer heute nicht geschafft? Am Ende des

STELLPLATZTIPP

PLAYA DE SANTA COMBA

Auf der Klippe, mit freier Dusche und Dixi-Klo. Die Aussicht ist großartig, und wer motiviert ist, kann zur Kirche pilgern. Ein alternativer Kitespot in der Nähe ist Playa de Ponzos, wenige hundert Meter weiter im Osten.

43°33'28.3"N
8°16'58.8"W

STELLPLATZTIPP
PLAYA DE TRABA
Der Parkplatz unten am Wasser ist relativ klein, Parkmöglichkeiten bestehen zudem entlang der Straße. Dafür gibt es ein WC, eine Wasserstelle, und morgens kommt ein Bäcker vorbei. Ein Ausflug entlang der Küste ins nahe gelegene Laxe lohnt sich.
43°11'36.4"N
9°02'19.8"W

Tages ist Kiten immer noch ein Extremsport, zumindest hier und heute.

Der Sturm pfeift noch die gesamte Nacht über den Parkplatz auf dem Felsen, sodass ich trotz der Erschöpfung kaum ein Auge zubekomme. Recht früh bin ich wach und beschließe, meine Fahrt in Richtung Süden fortzusetzen. In drei Tagen wird Malte in Porto ankommen, und dann werden wir gemeinsam gemütlich nach Lissabon weiterfahren. Marco gibt mir noch einen Stellplatztipp als nächsten Stopp, und weiter geht die Reise.

Smurfy läuft nicht besonders durchzugsstark, als ich am Playa de Traba ankomme. Der Weg zu Marcos Geheimparkplatz an der Küste mit einem gigantischen Blick ist mir unter diesen Umständen zu tricky, weswegen ich mich zu den zahlreichen Campern unten am Strand geselle. Der Wind bläst wie blöd, ich sehe vorwiegend sehr kleine Kites am Himmel. Jetzt rauszugehen, würde ein ziemliches Risiko bedeuten, und hier kennt mich kein Mensch. Nervös tigere ich am Strand auf und ab, die Kites nicht aus den Augen verlierend. Nope, safety first! Heute bleibt der Mors an Land, so sehr es auch schmerzt.

Am nächsten Tag hat der Wind ein wenig nachgelassen, sodass ich mich aufs Wasser wage. Die Bedingungen sind ausbaufähig. Ich lege kurze Sessions ein und genieße den weiten Strand oder schnacke mit den Leuten. Abends pilgere ich die Küste entlang zu dem geheimen Stellplatz, an dem sich inzwischen die gesamte Reisegruppe von Santa Comba eingefunden hat. Wieder einmal gibt es Wein und Rum im Überfluss – was für ein Leben!

Marco zu treffen, war wieder einer dieser glücklichen Zufälle, die eine Reise ohne Plan so schön machen, gern möchte ich mich an solche Zufälle gewöhnen. Unsere kleine Reisegruppe ist inzwischen auf vier Autos jeglicher Größe angewachsen, Marco ist der kreative Kopf und – jetzt kommt es: professioneller Fotograf.

Ich bin ziemlich platt von den Kite-Sessions der letzten Tage und bereite meine Weiterreise vor, jedoch nicht, ohne Marco vorher noch zu bitten, Smurfy vor die Linse zu nehmen. Wir suchen uns eine traumhafte Stelle an der Küste aus, ohne weitere Autos und mit einem fotogenen Panorama der Küste und des Strandes im Hintergrund. Smurfy müht sich ab, die Ecke zu erreichen, denn seit ein paar Tagen läuft er echt schlecht. Er springt nicht gut an, es fehlt der richtige Dampf, aber der nächste Boxenstopp ist erst in Südportugal geplant. Dort wurde mir ein Schrauber empfohlen, der einen groben Check machen soll. Die Fotosession dauert gut eine Stunde, denn Marco ist Perfektionist. Smurfy von nah, Smurfy von fern, von innen, gespiegelt in den Radkappen … da sollte ein geeignetes Bild dabei sein.

DER BESCHWERLICHE WEG NACH SANTIAGO DE COMPOSTELA

Nach der Fotosession verabschiede ich mich von der gesamten Truppe, und los geht es über Santiago de Compostela nach Portugal. Morgen Abend wird Malte in Porto ankommen, das sind immerhin 320 Kilometer, für die ich zwei Tage einplane. Vor ein paar Monaten noch wäre ich sicher drei Stunden vor dem Touchdown seines Fliegers losgefahren, doch jetzt erscheinen mir zwei Tage angemessen. Es ist Freitag. Der Zustand von Smurfys Motor beunruhigt mich zunehmend, denn ich habe das Gefühl, er verschlechtert sich. Vielleicht ist es nur ein kleines Problem mit der Zündung, das wäre schnell behoben. Aber im Bereich Zündung ist das Meiste gerade vor zwei Wochen erneuert worden. Vergaser vielleicht, was weiß ich denn? Ich halte beim ersten Schrauber am Wegesrand, der halbwegs vertrauenerweckend aussieht. Das Problem mit den Werkstätten ist immer das gleiche: VW kann mir nicht so recht weiterhelfen, ich brauche eine Werkstatt, die sich mit Klassikern auskennt. Vielleicht könnte ein pfiffiger Bosch-Dienst helfen, aber auch der will gefunden werden. Der erste hat schon mal keine Lust. Nächster Schrauber:

Heftiger Wind am Playa de Traba.

Spontanes Fotoshooting mit Marco.

SMURFY
HH VW 679H

Das ist mehr ein Reifenservice, aber der Meister ist gut motiviert, was an einem Freitag um kurz vor 14 Uhr äußerst wichtig ist. Er schaut und prüft, dann ist erst mal Siesta – klar, Spanien eben. Ich will den Wagen noch ein wenig rangieren, als er plötzlich gar nicht mehr dreht. Kein Anlasser, kein Klacken … ich glaube, ich habe den Motor totgeritten. Meine Stimmung ist unter null, jetzt brauche ich erst mal ein Bier und durchforste das Internet nach Ersatzteilen, nicht so recht wissend, was ich überhaupt benötige. Worst case wäre ein Austauschmotor. Der ADAC würde den sogar per Express von Deutschland hierher organisieren, daran soll es nicht scheitern. Motoren Seidl in München hat top Motoren auf der Internetseite – aber Betriebsferien bis zum 28. August. Das sind noch zwei Wochen, super Timing! Ich entdecke einen Motor in Cuxhaven, nicht günstig, liest sich aber gut. Der wird jetzt erst mal reserviert, damit die Nerven beruhigt sind. Der Händler ist sehr zuvorkommend, macht mir aber wenig Hoffnung, dass er den Motor, wenn er nicht mehr dreht, wiederbeleben könne. Aber der Versand oder weitere Teile wären ja kein Problem. Ich muss dazu sagen, dass ich stets davon ausgegangen bin, dass der aktuelle Motor nicht Smurfys letzter sein würde, aber auf dieser Tour – mitten in den Sommerferien – muss ich so eine Operation nun auch nicht haben. Die Mittagspause ist vorbei. Ich versuche, den Motor zu starten und … er springt an – ein Lichtblick. Patrick hat mal gesagt: »Solange er noch dreht, kriegen wir ihn auch wieder zum Laufen.« Hoffentlich hat er recht. Die anschließende Diagnose ergibt, dass einer der Zylinder keinen Druck aufbaut. Das ist keine gute Nachricht, denn für eine weiterführende Diagnose muss der Motor ausgebaut werden, und das ist nicht mal eben so erledigt. Zudem befinde ich mich in irgendeinem Kaff zwischen Küste und Santiago de Compostela – was soll ich hier bloß machen?

Der Schrauber ist selbstkritisch genug, um zuzugeben, dass er eine solche Reparatur nicht durchführen könne. Im 40 Kilometer entfernten Santiago gebe es eine Werkstatt, die sich mit Oldtimern auskenne. Der Schrauber meldet mich bei meiner

Die »Werkstatt meines Vertrauens«. ▲

Am Ziel der langen Pilgerreise: Santiago de Compostela. ▶

PRE - ITV
HPA

neuen Werkstatt an, und weiter geht es, mit dem Wissen, dass der Motor komplett ausgebaut werden muss, an einem Freitagnachmittag. Vor der Halle angekommen, fällt mein Blick auf zwei Oldtimer, die ich auf die 1930er-Jahre schätzen würde. Hier gilt Smurfy noch als Youngtimer. Auch die Monteure wären bei uns in Deutschland schon längst in Rente. Ich habe keine Zweifel, dass sie die Reparatur durchführen können, sofern sie die nächsten Tage überleben. Zum zweiten Mal auf dieser Tour zücke ich meine ADAC-Karte, bald kann ich die Nummer auswendig. Der ADAC übernimmt die Kosten für drei Übernachtungen im Hotel und eine Woche Mietwagen. Und die Notfall-Hotline kann in perfektem Spanisch mit den Leuten vor Ort kommunizieren, wovon ich weit entfernt bin. »Lunes«, also Montag um 9 Uhr, wollen sie loslegen, was bedeutet, dass erst mal über zwei Tage nichts am Auto passieren wird und auch keine Teile bestellt werden können. Dann weist mich die Telefonstimme darauf hin, dass am Montag Feiertag in Spanien sei. Das hat der Alte wohl nicht auf der Rille gehabt, also besser noch mal nachfragen. Das Ergebnis ist niederschmetternd: Montag arbeitet so gut wie niemand in Spanien (und Portugal), und die Werkstatt meines Vertrauens hängt den Dienstag auch noch dran, weil es so schön ist. Mittwoch um 9 Uhr würden sie sich freuen, mich wiederzusehen. Dann könnten wir frühestens Mittwochabend Teile bestellen. Die müssten geliefert werden und könnten dann am Freitag – in Spanien eher Montag oder Dienstag – eingebaut werden. Ich bin am Ende. Fünf Tage soll Smurfy nur rumstehen? Der ADAC-Mensch rät mir, die nächsten Tage im Bulli zu übernachten, damit ich nicht gleich am Anfang alle drei Hoteljoker spielen muss. Ich kann ja niemanden hier überreden, eine Wochenendschicht für mich einzulegen. Eine Werkstattalternative ließe sich frühestens Dienstag ausfindig machen, und auch die werden sicher nicht gleich alles stehen und liegen lassen, um meinen Bulli zu reparieren.

Zum Glück verfügt Santiago über einen sehr zentralen und ordentlichen Campingplatz. Blöderweise befindet sich dieser am

STELLPLATZTIPP

SANTIAGO DE COMPOSTELA

Der Campingplatz Camping As Cancelas (www.campingascancelas.com) ist nicht besonders schick, aber funktional und sogar mit Pool und Restaurant ausgestattet. Die Rezeption bietet einen günstigen Wäscheservice an. Das historische Stadtzentrum ist schnell mit dem Bus oder in knapp 30 Minuten zu Fuß erreichbar.

42°53'21.9"N
8°31'27.5"W

Hang, sodass ich – auf drei Zylindern und mit viel Karacho – an der Rezeption vorbei den Hang hinaufpresche, um erst mal Höhe gutzumachen. Mitcamper, Kinder, Radfahrer springen überrascht bis sauer nach allen Seiten – »perdone«, hätte ich mir auch anders gewünscht. Rücksicht muss heute leider ausfallen.

Nun steht erst einmal Sightseeing auf dem Programm, ich erkunde die Stadt per pedes. Eigentlich wollte ich hier nur zwei Stunden bleiben, wie viele es wohl in Wirklichkeit werden? Santiago selbst strahlt eine wahnsinnig positive Energie aus, wegen der ganzen Pilger, die nach langem Marsch das Ziel ihrer Träume erreicht haben. In den vielen kleinen Gassen der Altstadt tummeln sich die Menschen. Am besten lässt sich die Stimmung um die berühmte Kathedrale herum spüren. Hier könnte ich mein Portemonnaie auf dem Boden ausbreiten, und es würden sicher noch Leute helfen, alles wieder einzusammeln. Der Tag mit seinen vielen Eindrücken hat mich fertiggemacht. Schlagartig fühle ich mich unfassbar erschöpft, als ob ich den ganzen Weg gepilgert wäre. Ich setze mich auf eine lange Steinbank mit Blick auf die orange angeleuchtete Kathedrale. Das Gefühl, das mich unerwartet überkommt, lässt sich nicht in Worte fassen. Eine Mischung aus Verzweiflung, Hoffnung, Freude und Glaube bahnt sich ihren Weg. Ein derart immenses Gefühlschaos habe ich in meinem gesamten Leben noch nicht erfahren.

N
W
O
S
SPANIEN
PORTO
PORTUGAL
ATLANTIK
SPANIEN
PENICHE
GUINCHO
LISSABON
CASTRO
VERDE
SEVILLA
CARRAPATEIRA
TAVIRA
ALVOR
SÃO BRAS DE
ALPORTEL
SPANIEN
ATLANTIK

03
PORTUGAL

EINMAL PORTUGAL UND ZURÜCK

Am nächsten Tag hat der ADAC bereits den Mietwagen für mich reserviert. Hinzu kommen noch das billigste Zelt von Decathlon für 22 € und eine Kühlbox. Ich fahre zum Campingplatz und packe um. Sukzessive wandern Kochausrüstung, Bettzeug, Luma und Klamotten vom einen Auto ins andere. Kurz überlege ich noch, ob ich das Aufstelldach umbauen soll.

Auf geht es nach Porto, wo Malte am späten Abend landen wird. Smurfy lasse ich hier sicher zurück, wenn auch nicht günstig. Fehlt nur noch ein Zimmer in Porto. Ich konsultiere Airbnb, Booking.com und HRS, aber es ist wie verhext, die Stadt ist fully booked, was wohl an dem Feiertag liegen muss. Ich komme mir vor wie Josef an Weihnachten: Nirgendwo gibt es ein freies Bett, und auch die Airbnb-Kandidaten melden sich nicht zurück. Ich vermisse Smurfy. Um acht Uhr reicht es mir, und ich steuere den Campingplatz an der Küste an. Ich bekomme einen Platz direkt am Wasser, aber das Decathlon-Zelt sieht mit seinen 120 mal 200 Zentimetern Grundfläche erbärmlich klein aus. Und das Auto, das als Lager gedacht war, muss auf dem Parkplatz vor den Toren bleiben. Meine Stimmung ist im Keller. Dann muss wenigstens ein großes Zelt her. Ich packe alles wieder zusammen und mache mich auf zum 15 Minuten entfernten Decathlon. Jetzt wird das Schloss unter den mobilen Herbergen gekauft. Langsam ist mir alles egal. Zudem signalisiert der Mietwagen einen niedrigen Ölstand. Es ist echt zum Mäusemelken! An der Tankstelle meldet sich dann unverhofft mein letzter Airbnb-Versuch. Das ist meine Rettung vor dem ollen Campingplatz und einer sicher lausig kalten Nacht. Ich greife zu, checke beim Campingplatz umgehend wieder aus und stehe eine halbe Stunde später in einer großen Wohnung in zentraler Lage mit drei Schlafräumen und zwei Badezimmern. Läuft doch!

◀ Kaum zu glauben: In Nazaré gibt es die größten Wellen der Welt.

Malte ist mit seinen 27 Jahren ein sehr aufgeweckter, quirliger Charakter. Es ist völlig klar, dass ich ihm weder mit Ruhe noch

Natur zu kommen brauche, weswegen wir mit dem Mietwagen die Hotspots Portugals weiter im Süden ansteuern, zunächst Nazaré, dann Peniche. Die Strecke werde ich dann noch einmal in Ruhe mit dem Bulli abfahren. Auf jeden Fall haben wir eine Menge Spaß in den angesagtesten Unterkünften wie der Surfers Lodge, dem Surfcastle und den umliegenden Bars. Peniche ist ein pulsierender Surferort, das heißt: Alles entlang der Avenida do Mar im Stadteil Baleal pulsiert. Den eigentlichen Ort Peniche kann man sich getrost sparen. Am Dienstagnachmittag lasse ich Malte allein zurück – sein Rückflug geht von Lissabon aus – und mache mich auf den Rückweg nach Porto. Ich muss mich jetzt Smurfy widmen, was mir arg auf der Leber liegt.

Smurfy hat auf dem Campingplatz in Santiago fast fünf Tage artig auf mich gewartet, und so stehen wir am Mittwoch pünktlich um 9 Uhr vor den Toren der Werkstatt. Der Mechaniker ist ein sehr stiller Kandidat. Ich biete ihm noch an, bei der Beschaffung der Teile zu helfen. »Gib mir drei Tage, und ich melde mich, wenn ich etwas brauche«, sagt er. Don't call us, we call you – strammer Auftritt, denke ich bei mir. Mit dem Leihwagen fahre ich gleich weiter an den Strand nach Nemiña. Ich muss jetzt langsam wieder in den Beach-Modus kommen. Zum einen ist da der Stress mit dem Auto, zum anderen bin ich von dem Partymarathon in Portugal noch völlig durch den Wind. Wer soll das alles aushalten! In Nemiña treffe ich gleich auf bekannte Gesichter: Andreas mit seinem Riesencamper und Benni im kleinen Nissan-NV200-Eigenausbau.

Der Strand ist superschön, die ganze Bucht voller Surfer, und es gibt sogar ein kleines Restaurant. Zelten ist nicht erlaubt. Egal, dann schlafe ich halt in meinem Seat Leon Station Wagon, der sollte lang genug sein. Schrittweise komme ich wieder in den Fluss, obgleich sich in meinem Kopf noch alles um Smurfy dreht. Schaffen die es vor dem Wochenende? Benni leiht mir ein Surfboard. Zögerlich versuche ich mich daran, merke jedoch rasch, dass mein Kopf noch nicht frei ist. Ich tracke Smurfy und

SCHINKENSANDWICH VON MALTE

ZUTATEN
Hartkäse aus der Region (z B. Manchego)
guten, rohen Schinken (idealerweise Serrano)
Weißbrot
Tomate
richtig gutes Olivenöl

ZUBEREITUNG
Schinken und Käse am besten immer in großen Stücken kaufen, damit sie nicht austrocknen.
Reichlich Käse und Schinken dünn abschneiden, in das Brot legen.
Tomaten kleinschneiden und zusammen mit Olivenöl darauf streichen – fertig!
Die Luxusvariante: Brot in der Pfanne leicht anrösten.

stelle fest, dass er nicht in der Werkstatt steht, sondern immer noch vor der Tür. Nicht gut! Langsam wird es dunkel, ich setze mich zu Benni vor sein Auto, und wir öffnen eine Flasche Wein. Der Vollmond steht satt und rund über der Bucht, in der sich die letzten Surfer tummeln. Warten schockt nicht, aber es könnte mich definitiv härter treffen, als hier in netter Gesellschaft bei einem guten Wein zu sitzen.

Am nächsten Morgen stelle ich fest, dass ich erstaunlich gut geschlafen habe. Um 10 Uhr schalte ich das Handy an. Verdammt, der ADAC wollte ja schon um 9 Uhr für mich aktiv werden. Erst mal Kaffee kochen und den Ausblick aus dem Kofferraum über den Strand genießen. Das Telefon klingelt, es ist der ADAC: Meine Werkstatt bitte mich, um 15:30 Uhr vorbeizukommen. Sie finden den Ersatzkeilriemen nicht, und im Auto sei nicht genug Sprit. Das klingt alles merkwürdig. Zudem habe ich keine Lust, hier abzureisen, um dann zu erfahren, dass die Reparatur noch ein paar Tage dauern wird, immerhin sind es eineinviertel Stunden Fahrt zurück nach Santiago. Gespannt mache ich mich dennoch auf den Weg, denn ich habe ja keine rechte Wahl. Ich bin ziemlich durch den Wind und versuche, mich mit einem Drei-Fragezeichen-Hörbuch abzulenken, stelle aber bald fest, dass mir das zu aufregend ist. Auf die Minute pünktlich schlage ich bei der Werkstatt auf. Den Ersatzkeilriemen braucht der Mechaniker nicht mehr. Und nun? Ich soll Sprit holen. Es scheint ihm Spaß zu machen, mich so ahnungslos im Raum stehen zu lassen. Dass er keine richtigen Kanister hat, war fast schon klar. Also düse ich mit dem Seat und irgendwelchen Fässern zur Tanke. Wieder zurück, betanken wir Smurfy, so gut es eben geht. Dann drückt er mir den Schlüssel in die Hand. Was denn nun? Ich soll eine Runde Probe fahren. Er fährt? Smurfy startet wie immer, das Standgas ist ein wenig zu niedrig eingestellt, aber in Ordnung. Der Durchzug ist okay, das Motorgeräusch definitiv lauter – da bemerke ich, dass das Polster nicht auf dem Motor liegt. Der Kerl scheint es wirklich geschafft zu haben, in nicht einmal zwei Tagen! Begeistert komme ich zurück und will

STELLPLATZTIPP
PLAYA DE NEMIÑA
Hier steht man für 5 € die Nacht sehr gut auf dem Privatgelände eines Bauern, für den Camper offensichtlich eine Haupteinnahmequelle darstellen. Es gibt ein Dixi-Klo, und gelegentlich kommt ein Obst- und Gemüseverkäufer vorbei.
43°00'43.7"N
9°15'57.8"W

Mein Ersatzbulli. ▲

Playa de Nemiña. ▶

4559 JGH

gerade anfangen, meine Sachen umzuladen. »Morgen um 12 Uhr ist der Wagen fertig«, sagt er. »Und was ist mit heute Abend oder noch besser jetzt?«, denke ich. Da ich mein Glück kaum fassen kann, halte ich die Klappe und frage im Gehen noch, was ich ihnen denn schulde und ob ich mit der Karte zahlen könne. Den zweiten Teil der Frage hätte ich mir eigentlich selbst beantworten können. Aber anscheinend haben sie einen tollen Job gemacht. Es war wohl ein Ventilsitz beschädigt. Wenn ich richtig verstanden habe, haben sie den Motor nur ein wenig gelöst, dann Zylinderkopf und Ventile demontiert und überarbeitet. Das nenne ich clever, manch andere Werkstatt hätte hierfür die gesamte Karre auseinandergenommen. So kann es morgen weiter in Richtung Portugal gehen, fürs Wochenende ist Wind vorhergesagt!

Pünktlich hole ich Smurfy ab und begleiche die Schuld. Eigentlich sollte das Thema Motor nach diesem finanziellen Einsatz durch sein, aber so richtig Feuer hat Smurfy noch nicht. Soll ich umkehren – an einem Freitagnachmittag? Wenn es nur eine Einstellungssache ist, kann es jeder, wenn es Ventile oder Zylinder sind, habe ich garantiert ein weiteres Wochenende in Santiago gewonnen. Hinzu kommt, dass Jonas mit seinem Festival durch ist und bereits in Peniche steht, rund 500 Kilometer weiter südlich. Egal, weiter! Ich habe keinen Bock mehr auf Santiago. Kurz vor der Grenze nochmal vollgetankt – in Portugal ist die Suppe teurer. Aber was ist das? Links kommt ein großer Strahl Benzin aus dem Auto. Ich entsinne mich, dass ich den Schrauber gebeten hatte, mal nach der Tanklüftung zu schauen, wenn der Motor schon mal ausgebaut ist. Das Benzin läuft über die Pole der Batterie auf die Tankstelle. Ich versuche, mich zu entspannen, da es lediglich der Sprit aus dem Überlauf sein kann. Dass dieses Problem zu lösen ist, ist klar, aber zurück nach Santiago? Ich bin hin- und hergerissen. Langsam keimt in mir der Verdacht auf, dass sie mich dort vielleicht betrogen haben könnten. Sicher habe ich das Recht auf Nachbesserung, aber was, wenn die auf Zeit spielen? Ich entscheide mich, weiterzufahren. Von unterwegs rufe ich den ADAC an, sie mögen bitte mal bei der

Werkstatt nachfragen, was um alles in der Welt die da fabriziert haben. Der ADAC-Mensch rät mir, doch einfach umzudrehen, wenn es sich nur um anderthalb Stunden handele. Ich denke mir: Schmeiß kein gutes Geld schlechtem hinterher und bleibe auf dem Gas. Lieber in Lissabon nach einem Schrauber suchen, der Ahnung hat, als sich weiter von den Rentnern verscheißern zu lassen! Ich kann es immer noch nicht fassen. Die haben da Oldtimer im kernigen sechsstelligen Bereich herumstehen, die müssen doch etwas können! Smurfy läuft immerhin, so auf 80 Prozent. Lieber dem Instinkt folgen.

OLÁ DE NOVO

Das Wetter ist mittelmäßig, die Spitzengeschwindigkeit wird gut erreicht – also durchziehen. Kurz vor dem Ziel peile ich Jonas' Bus an (auch er hat einen GPS-Tracker) und fahre durch bis Peniche. Jonas steht zusammen mit Freunden an einem super Platz, wunderschön auf den Klippen gelegen, mit einem traumhaften Blick über das Meer. Langsam geht mein Puls runter. Handy interessiert nicht, Motor interessiert nicht, denn jetzt ist erst mal Wochenende, und ich freue mich riesig, Jonas wiederzusehen. In seiner Gegenwart fühle ich mich wohl. Zudem ist für morgen Wind angesagt!

Der nächste Tag beginnt super entspannt im Beach-Modus. Ich habe sogar Lust, mit Jonas meinen neuen Solarwandler einzubauen. Nicht nur, dass aus der Solarzelle jetzt noch viel mehr Bums zu holen ist, per Bluetooth kann ich alle Daten auf meinem Handy abrufen. Ein schönes Spielzeug, dabei wollte ich doch lediglich keine sichtbare Digitalanzeige im Auto. Das Wochenende tut mir gut und lenkt mich von dem ganzen Ärger mit Smurfy ab. Wir gehen kiten, in extremen Wellenbedingungen, einfach nur klasse in der tollen Gesellschaft! Der dritte Abend ist leider auch schon wieder der letzte mit der lustigen Truppe. Wir grillen und machen ein Lagerfeuer. That's the Bulli life.

STELLPLATZTIPP

PENICHE

Peniche ist ein sehr trubeliger Ort. Offensichtlich kann man mit dem Camper überall stehen, richtig entspannt sind jedoch die Plätze entlang der nördlichen Küste, von wo aus sich ein traumhafter Ausblick eröffnet.

39°22'39.0"N
9°18'49.4"W

Nebenbei beschäftige ich mich damit, für Montag eine Werkstatt zu organisieren. Die Besitzer der Surfers Lodge empfehlen mir eine in nur 20 Minuten Entfernung: eine Old-School-Garage in Amoreira, wo ich gleich am Montag ohne Vorwarnung aufschlage. Ich erwarte erst mal wenig, als ich in einer kleinen Seitenstraße vor einem verschlossenen Blechtor anhalte. Nach mehrmaligem Klopfen öffnet ein älterer Herr mit vollem grauem Haaren. Er hat eine sehr gewinnende Ausstrahlung und bittet mich sofort, mit Smurfy hineinzufahren. Ohne lange Umschweife macht er sich direkt am Motor zu schaffen – misst, startet, misst wieder … Das Ganze dauert keine 20 Minuten. Dann fordert er mich auf, Probe zu fahren. Ich könnte schreien vor Glück: Smurfy läuft wieder superrund und hat mehr Zug als je zuvor – unfassbar! Dann wage ich es, mit Problem Nummer zwei aufzuwarten. Ich hatte eigentlich beschlossen, das Thema auszusitzen, aber die Gefahr, dass sich Benzin im Motorraum entzündet, ist nicht ohne. Auch hier ist der wunde Punkt schnell gefunden: ein poröser Schlauch an der Seite. Dieser muss zufällig genau dann den Geist aufgegeben haben, als der Kollege in Santiago am Motor herumgefummelt hat. Der Wechsel in der prallen Mittagshitze dauert länger, als den Motor auf Vordermann zu bringen, ist aber auch bald erledigt. Ich bin total happy und zücke eine Weinflasche und das Portemonnaie, bereit, so ziemlich jeden Preis zu bezahlen. »20 €«, sagt er. Ich frage, ob er nicht 50 € meine, schließlich rede ich in miserablem Spanisch mit einem Portugiesen. Nein, der Blaue sei schon recht – Wahnsinn!

Ganz beseelt sitze ich wieder auf und muss erst einmal überlegen, was ich mit der Zeit anstellen soll, die ich jetzt gewonnen habe. Die Gegend nördlich von Lissabon kenne ich und freue mich total darauf. Also erst mal weiter in Richtung Süden. Vielleicht geht in Guincho, quasi ein Vorort von Lissabon, noch etwas. Während der Fahrt formuliere ich diesen Zustand als das erste Gesetz von Smurfy's Law: Folge immer der Küste und bleib schön entspannt.

◀ Wiedersehen mit Jonas am Strand von Peniche.

Spontanes Bulli-Treffen.

WESTFALIA

Im Radio dudelt wieder »Heut hab ich Zeit« von Silbermond. Es ist ein unbeschreibliches Gefühl, sich wieder gut zu fühlen. Wenn Smurfy nicht rundläuft, laufe ich schlichtweg auch nicht rund; ich komme mir schon vor wie der kleine Elliott in dem Film E.T. Die fast zwei Monate, die wir jetzt unterwegs sind, haben uns zu einer Freud- und Leidensgemeinschaft zusammengeschweißt. Ein Bulli ist mehr Kumpel als Fortbewegungsmittel. Wir peilen die Strände um Ericeira an, nördlich von Lissabon gelegen und wohl die beliebteste Gegend für Surfer in Portugal. Der Weg schlängelt sich auf den steilen Klippen entlang und durch hübsche Küstenorte mit entspannter Surf-Atmosphäre. Rechts von mir liegt das Meer, direkt darüber ein breites Wolkenband: Seenebel. Die Straße windet sich langsam auf Meeresniveau hinab, und plötzlich sitze ich im Nebel, der so feucht ist, dass ich es auf der Haut spüren kann. Der Strand ist noch zu erkennen, die Surfschüler in ihren farbigen Lycras stechen hervor, dahinter verliert sich alles in einer milchig weißen Unendlichkeit. Gern würde ich einen Powernap am Strand machen, aber im Nebel? Ich sitze wieder auf. Die Straße führt bergauf, und bald befinde ich mich wieder über den Wolken – lustig. So erfahre ich zwar nicht, wie die Strände hier aussehen, aber von der Klippe aus diese weiße Wand zu beobachten, wie sie sich direkt an die Küste schmiegt, ist ein echtes Erlebnis. Von einem Aussichtspunkt, der sicher dazu gedacht ist, die Surfer und die Wellen beobachten zu können, führt eine Holztreppe nach unten und verliert sich im Nebel: »Stairway to Heaven«, nur spiegelverkehrt.

Gern würde ich dieses Fleckchen Erde noch genauer erkunden, denn die kleinen Orte nördlich und südlich von Estoril laden zum Verweilen ein. Aber im Nebel habe ich keine Lust dazu. Weiter im Süden, circa 25 Kilometer nördlich von Lissabon, schließt sich die Sintra-Region an, touristisch seit dem 19. Jahrhundert beliebt. Hier gibt es zahlreiche Paläste zu bestaunen, die in die bewaldeten Hügel gebaut sind. Die felsigen Buchten in der Nähe von Sintra sind ebenfalls absolute Postkartenmotive:

▲
Der Pool des Estalagem Muchaxo ist ein Zeugnis längst vergangener Zeiten.

hier und da eine nette Strandbar, fröhliche Menschen, Party … Aber all das befindet sich jetzt im Nebel. Beim Blick auf die Karte stelle ich fest, dass ich den direkten Reiseweg schon wieder verdoppelt habe, indem ich planlos in der Gegend herumgekurvt bin. Da ich morgen wieder vom Meeresrauschen geweckt werden möchte, fälle ich die Entscheidung, weiter gen Süden zu fahren, bis der Nebel aufhört. Ich darf ohnehin nicht lange trödeln, denn in vier Tagen landet Wiebke in Faro, und das ist noch ein gutes Stück durch halb Portugal.

In Guincho war ich bisher schon zweimal, das scheint mir eine sichere Bank für die Nacht zu sein, und zudem ist es ein bekannter Kitespot. Wir umrunden das Cabo da Roca, ein nach Westen in den Atlantik hinausragendes Kap. In der nächsten Kurve erblicke ich ein beeindruckendes Wetterphänomen: Nördlich des Kaps scheinen sich die Wolken geradezu an die Küste zu »klammern«, am Kap selbst reißen sie vom Festland ab, sodass die Küste hier sonnenbeschienen ist. Die Wolkenfront verliert sich in der Weite des Meeres. Gut eine halbe Stunde bleibe ich hier an der Straße stehen und schaue einfach nur hinaus aufs Wasser. Hinter der nächsten Kurve taucht Guincho auf. Der Ort hat sich in den letzten Jahren prächtig entwickelt. Der Strand ist voll, aber nicht übervoll, es gibt nette Strandbars, und ein paar Kites fliegen durch die Luft. Ein Schild weist zum etwas mehr im Hinterland gelegenen Campingplatz. Zwar beabsichtige ich nicht, diesen zu nutzen, aber ein Rückzugsszenario in petto zu haben, beruhigt doch ungemein.

Ich parke Smurfy an der Straße am Hang und sichere gewohnheitsmäßig ein Rad mit einem Stein. Wie ungern ich ihn allein zurücklasse! Erst recht an einem Ort, an dem ich mich noch nicht eingegroovt habe. Auf vielen Stellplätzen kam ich bisher mit diesem Gefühl an, aber nach zwei Tagen habe ich dann nicht einmal mehr das Auto abgeschlossen, geschweige denn meine Wertsachen versteckt. Hier ist jetzt erst einmal alles neu, ungewohnt und potenziell gefährlich. Doch der Strand lässt kaum Wünsche offen, und gegen Einwurf kleiner Münze gibt es sogar eine warme Dusche. Die sehr einladenden Bars sind allesamt Sunset-Locations. Guincho selbst ist geprägt von einer langen Düne, die sich vom Strand in Richtung Inland fortsetzt. Sie macht eine dichte Bebauung unmöglich und regiert über das Wetter. Unter bestimmten Voraussetzungen entsteht hier eine Düse, die extrem stark blasen kann, aber auch genauso rasch wieder verschwindet, was echt kritisch sein kann, wenn der Kiter gerade zu weit draußen auf dem Meer ist. Im Kiteguide steht: »Bevor der Wind rechtsdreht und abnimmt, wird er wärmer. Wer nicht zurückschwimmen möchte, sollte zusehen, dass er Land gewinnt, wenn sich der Wind erwärmt.«

Und wo finde ich einen Stellplatz für die Nacht? Ich frage ein deutsches Paar, das gerade die Surfbretter aufs Dach seines Campers lädt. »Neben der Festung, nicht weit von hier, völlig entspannt und kostet kaum Geld«, lautet die Antwort. Das klingt

KULTURTIPP

SINTRA

Seit 1995 Kulturlandschaft UNESCO-Weltkulturerbe. Ein Spaziergang durch die Stadt ist ein Muss, genauso wie der Kirschlikör Ginjinha, der hier aus kleinen Schokoladenbechern getrunken wird. So gestärkt, bietet sich die Besichtigung eines der zahlreichen Paläste an, wie des Palácio Nacional da Pena oder des Palácio de Monserrate mit seinem eindrucksvollen Garten.

38°48'03.8"N
9°22'53.3"W

STELLPLATZTIPP

GUINCHO

Parkplatz südlich vom Hotel Fortaleza. Die Tagesgebühr beträgt 3 €. Der Parkplatzwächter verwaltet zudem die Toiletten und Duschen.

38°43'39.7"N
9°28'32.8"W

nach einem Selbstläufer, den Platz kenne ich von früheren Besuchen. Auf dem Parkplatz ist noch eine Lücke direkt in vorderster Reihe an der Klippe frei. Motor aus, Tür zum Meer auf, Bier auf. Was für ein traumhaftes Plätzchen. Und morgen wird gekitet!

Nach dem Frühstück begebe ich mich in die kleine Strandbar des nahe gelegenen Hotel Muchaxo, als ich quasi gegen das Riesenwohnmobil von Andreas laufe. Wie kommt das denn hierher? Klasse, so habe ich jemanden zum Quatschen, und wir können beim Kiten ein wenig aufeinander aufpassen.

Am Strand liegen schon die ersten aufgebauten Kites zwischen den Badegästen. Eine klare Linie ist nicht zu erkennen; von sechs Quadratmetern, die eher für Starkwind zu nutzen sind, bis hin zu zwölf Quadratmetern ist alles dabei. Dazwischen versuchen sich ein paar Kiteschüler am Strand. Der Wind frischt auf, erste Kiter verlassen das Wasser. Ich entscheide mich für die mathematische Mitte und baue neun Quadratmeter auf. Der Wind wird zunehmend stärker, die Wellen sind mit rund 1,50 Meter schon ganz ordentlich, aber beherrschbar. Attacke! Nützt ja nix. Mühsam quäle ich mich durch das Weißwasser und die ersten Wellen. Geschafft, ich bin hinter den Wellen und schon knallt mir eine Böe vom Härtesten in den Kite. Alter Finne, ist das hier böig! Von zu viel Wind bis definitiv zu wenig ist in wenigen Sekunden alles drin. Wahnsinn, wie soll ich das hier überleben? Entweder ich habe zu wenig Druck und komme nicht vom Fleck oder zu viel und es zerrt an mir, als gäbe es kein Morgen. Da es allen anderen Kitern nicht anders ergeht, schießt jeder nur so durch die Gegend. Spaß ist anders, hier geht es mehr ums Überleben. Ich fühle mich weder gut noch sicher, da spüre ich, dass der Wind wärmer wird. Oha, nichts wie ab an Land, bevor es wehtut. Gespannt beobachte ich, wie binnen weniger Minuten die ganze Meute wieder an Land kommt.

Diesen Tag überlebt zu haben, werte ich einfach mal als Grund zum Feiern. Mir ist nach einem gepflegten Abendessen in einem richtig guten Restaurant. Andreas ist hierfür der richtige Sparringspartner. Also rasiert, Haare … egal, das wird nichts mehr … grob durchgewuschelt, das muss reichen. Bei genauerer Betrachtung stelle ich fest, dass ich inzwischen blonde Locken habe. Ein Kamm würde da nicht ohne größere Verluste auf beiden Seiten durchkommen. Zur Feier des Tages hole ich meine einzige Festtagsgarderobe heraus: hellblaue Hose und kariertes Hemd, beides leider komplett verknittert, weswegen ich mich für Flip-Flops entscheide, damit der Stil stimmt. Wir wählen das beste Fischrestaurant am Platze. Ich muss dazu gestehen, dass ich weder Ahnung von Fisch habe noch schmeckt er mir besonders. Aber ich habe mal wieder Bock auf adrett gekleidete, schnöselige Kellner, Leinentischdecken und -servietten, und ich will so einen silbernen Weinkühler neben mir stehen haben. Dafür nehme ich in Kauf, etwas zu essen, das mir eigentlich nicht richtig schmeckt. Unsere Wahl fällt auf eine gemischte Platte aus Meeresfrüchten und Co., also Garnelen, Langusten, Schnecken und was weiß ich noch so alles – also Dinge, die in unserem Kulturkreis als teuer und dekadent gelten, die zu essen mich jedoch streckenweise echte Überwindung kostet. Egal, wenigstens der Wein ist 1 a, den Rest kann ich schlichtweg nicht beurteilen. Danach ist mir gleichmäßig schlecht, und ich falle an meinem schönen Stellplatz an der Steilküste direkt in die Koje.

Als ich morgens aufwache, ist der Magen wieder so halbwegs in Ordnung, dafür spüre ich meinen Rücken recht deutlich; der gestrige Kampf gegen die Elemente hat seine Spuren hinterlassen. Ich brauche dringend eine Massage, damit die Wirbel wieder ansatzweise ins Lot gerückt werden. Heute geht es weiter nach Lissabon mit Zwischenstopp in Estoril. Rasch ist dort ein Thai-Massagestudio gefunden. Meine Erfahrungen mit Thai-Massagestudios sind extrem gemischt. Ob es sich um eine seriöse Massage oder eine mit »Happy End« handelt, möchte ich vor Ort herausfinden. Estoril ist ein wunderschöner, florierender Vorort von Lissabon. Nirgendwo sind Spuren der schwächelnden Wirtschaft, wie verrottete Gebäude oder leere Laden-

Golden Surf Hour. ▶

geschäfte, zu finden, alles ist wie aus dem Ei gepellt. Die Gebäude strahlen den Stolz einer südeuropäischen Entdeckernation aus, in zweiter Reihe befinden sich die Gässchen zum Einkaufen und Essen. Estorils Strände werden gesäumt von netten Buden und Bars, die zum Verweilen einladen – eine positive und junge Atmosphäre. Des Weiteren hat Estoril das Stand-up-Paddling für sich entdeckt: Neben Verleihern gibt es auch regelmäßige SUP-Yoga-Kurse. Aber nun erst einmal das Wesentliche: die Thai-Massage. Diese Läden scheinen überall auf der Welt gleich auszusehen. Ein Geschäft in B-Lage, das komplett nicht ins Bild passt. Man tritt durch die Tür und befindet sich in einer anderen Welt: Räucherstäbchenduft, thailändische Musik und eine kleine, zierliche Thai hinter dem Tresen, die an Freundlichkeit nicht zu toppen ist. Auf diese Welt muss der Gast sich einlassen, wenn die Massage ihren Zweck erfüllen soll.

Ich habe ein gutes Gefühl und buche mich für eine halbe Stunde ein. Kurze Zeit später werde ich in einen kleinen Raum geleitet, der kaum größer ist als die Massageliege in der Mitte. Die Stange unter der Decke, die in Längsrichtung verläuft, fällt mir zunächst gar nicht auf, und so verkenne ich ein wesentliches Signal. Dass eine so kleine Person so brutal sein kann, war mir bis dato nicht bewusst. Gut, ich habe die Frage, ob hart oder soft, natürlich mit »hart« beantwortet, schließlich besteht Handlungsbedarf. Daraufhin bohrt sie zunächst ihre Ellenbogen in meine Waden und weitere Muskeln. In der nächsten Eskalationsstufe klettert sie auf die Bank, hält sich an dieser Stange fest und läuft auf meinem Rücken hin und her. Stufe drei scheint auf das Einrenken von Gelenken abzuzielen, denn sie zerrt brutal an mir herum. Nach einer halben Stunde fühle ich mich wie gerädert, aber gut. Die Blockaden sind weg, der Schmerz nimmt ab, und das warme Massageöl wirkt noch lange nach.

Um die Entspannung perfekt zu machen, lege ich mich auf dem Lamzac an den Strand und mache mir Gedanken über den weiteren Verlauf des Tages: Wo sollen wir in Lissabon stehen?

Großstädte sind immer schwierig. Ich schreibe meinen Freund Volker an, der ein Boot in Lissabon liegen hat. Dies lässt mich hoffen, dass ich vielleicht im Hafen stehen und die Sanitäranlagen nutzen kann. Er meldet sich prompt und bietet mir sogar an, auf dem Boot zu schlafen. Klasse, das wäre abgehakt. Als nächstes schreibe ich Tin, den ich bei meinem letzten Lissabon-Besuch kennengelernt habe. Tin plant für den Abend den Besuch einer Party auf der Sunset-Dachterrasse eines Hostels – perfekt, der Plan gefällt mir.

SCHLAFLOS IN LISSABON

Frohen Mutes begeben Smurfy und ich uns zu dem Standort, den Volker mir genannt hat, fast unter der Tejo-Brücke im Stadtteil Alcântara. Der kleine Hafen wird von netten Bars gesäumt. Offensichtlich wollte man hier einen portugiesischen »Darling Harbour« à la Sydney schaffen. Die Harmonie wird nur von zwei Fakten getrübt: dem unfassbaren Lärm, der von der Brücke herunterschallt, und der Einflugschneise des Flughafens. Die Brücke hat keinen durchgehenden Belag, sondern Gitter, über die – neben den Zügen – alle Fahrzeuge unter einem Höllenlärm brausen. Der Parkplatz fühlt sich medium sicher an, aber wir werden es schon überleben.

Ein Zug durchs Bairro Alto, das Vergnügungs- und Kneipenviertel von Lissabon, ist Pflicht und der belebte Aussichtspunkt Miradouro de Santa Catarina bei jedem Besuch meine erste Anlaufstelle. Eigentlich handelt es sich dabei nur um eine Wiese mit einem Pavillon für Getränke und Snacks. Doch dieser Ort ist voller Leben und entspannter Leute und ermöglicht einen großartigen Blick auf den Tejo mit der Brücke und den Sonnenuntergang über dem Fluss. Mir wird es nach einer guten Weile zu trubelig, und so begebe ich mich auf Nahrungssuche. Wieder strapaziere ich hierfür TripAdvisor und lasse mir Restaurants in der Nähe vorschlagen. Ich lande in der BA Wine Bar do Bairro

573
ENTRADA
EXACT
AMOUNT
28E
BEIRÃO
BEIRÃO

Alto mit über 1.000 positiven Rezensionen, die anscheinend auf ewig ausgebucht ist. Sie verfügt allerdings auch nur über sechs Tische, von denen ich jedoch den letzten ergattern kann. Ich ordere ein Sortiment an Schinken und Salsicha und wende mich der Weinauswahl zu. Alle Wände stehen voll mit den verschiedensten Weinen, und alsbald steht die schicke Kellnerin vor mir und erklärt, wie der Hase läuft: Ich sage ihr, was ich so mag, dann kommt sie mit drei Weinen zur Probe, und einer davon sollte es dann sein. Deal. Vielleicht habe ich keine Ahnung, aber keiner der drei kickt mich so richtig, worauf ich um einen vierten bitte. Und damit begehe ich schon wieder diesen ewigen Tourifehler: Bestelle nichts, von dem du nicht den Preis kennst. Egal, es ist ein lustiges Erlebnis, und 8 € für ein Glas Wein killen mich nicht, sondern machen mich um eine Erfahrung reicher. Nun auf zum Sunset Destination Hostel.

Lissabon steckt voller Geheimtipps, auf diese Dachterrasse wäre ich im Leben nicht gekommen. Es geht quer durch ein klassisches Treppenhaus, durch die Gänge des Hostels auf die große Terrasse mit DJ-Zelt, Bar, Massage und natürlich einem Pool. Wie in jedem Hostel hängen hier gut gelaunte, streckenweise mittelmäßig gepflegte Studenten und Globetrotter ab. Ich kaufe mir zwei Biermarken à 1,50 € und zwei Cocktailmarken à 3 €. Die junge Dame an der improvisierten Kasse zückt das iPhone, um den Gesamtbetrag zu ermitteln – das kann nicht ihr Ernst sein.

Tin ist auch schon da und, so wie ich ihn kenne, schon wieder in Geschäfte vertieft. Er betreibt in Lissabon inzwischen zwei B & B, die er über Airbnb vermittelt – jedes mit einer überschaubaren Anzahl an Betten, aber immerhin – und erweitert sein Geschäftsfeld gerade um Surfhostels. Eines davon entsteht aktuell in Estoril, es bereitet ihm jedoch noch gewaltige Kopfschmerzen, die wir mit Alkohol zu lindern versuchen – er mit Bier, ich mit Mojitos, in gleicher Schlagzahl. Bald beschleicht mich das unangenehme Gefühl, einen Frühstart hingelegt zu haben. Andreas kommt hinzu, und die Schlagzahl wird erhöht – ich

◀ Ein Klassiker in Lissabon.

KULTURTIPP

LISSABON

Tagsüber die umliegenden Strände oder die Kultur genießen, abends ab ins Bairro Alto. Einfach treiben lassen und ein schönes Restaurant aussuchen. Sundowner-Tipp: Miradouro de Santa Catarina, 401, R. de Santa Catarina, Lissabon.

38°42'34.2"N
9°08'51.4"W

ALTERNATIV

PARK BAR

Hidden Spot auf dem obersten Deck eines Parkhauses, einfach legendär für einen entspannten Drink. Der Eingang ist quasi nicht gekennzeichnet.

38°42'40.0"N
9°08'51.2"W

immer noch am Mojito, was einfach eine bekloppte Wahl war, denn das halte ich nicht mehr lange durch. Als es uns langweilig wird, ziehen wir zu dritt noch weiter durchs Bairro Alto, ich bin schon jenseits von Gut und Böse. Irgendwann mache ich das, was gute Freunde schon längst von mir kennen: den polnischen Abgang. Noch eine weitere Runde, und ich hätte den Sonnenaufgang nicht mehr erlebt respektive nicht mehr zum Bulli zurückgefunden.

Es muss weit nach Mitternacht sein, als ich wieder im Hafen von Alcântara ankomme. Der Lärm von der Brücke und vom Flughafen werden mich wohl kaum mehr stören, denke ich. Beim Bulli angekommen, trifft mich fast der Schlag: Ich stehe direkt vor einer gut besuchten Disco, das war tagsüber nicht zu erahnen. Zwischen der Disco und dem Bulli steht ein Würstchenwagen oder was die hier verkaufen. Zumindest wird dieser von einem mobilen Generator gespeist, der wiederum direkt neben Smurfy steht und alles drumherum übertönt. Ein paar Mojitos weniger, und ich hätte in dem Zappelschuppen durchgemacht, so will ich einfach nur ins Bett. Sicher ist es hier ohne Zweifel, doch ich wache im Stundenrhythmus auf, weil um meine kleine autonome Zelle herum das Leben tobt. Grundsätzlich halte ich mich an den Slogan meiner Großmutter: »Fröhlicher Lärm stört mich nicht.« Aber irgendwann muss ja mal Schluss mit lustig sein. Um 8 Uhr morgens erkläre ich die Nacht für beendet und sortiere mich für die Weiterreise gen Süden.

NICHT SCHON WIEDER!

Es ist Donnerstag, der 25. August. Samstag wird Wiebke in Faro für acht Tage zu mir stoßen. Parallel dazu macht Freund Hannes mit seiner Liebsten Franzi in der Nähe von Faro Urlaub in einem Ferienhaus. Er hat angekündigt, dass er Platz habe und sich über Besuch freuen würde. Also ab auf die Bahn gen Süden, rund 300 Kilometer.

STELLPLATZTIPP

PRAIA DE MELIDES

Der Parkplatz am Praia de Melides ist durchsetzt von Campern, was für eine entspannte Übernachtung sorgt.

38°07'39.3"N
8°47'21.8"W

Um nicht die komplette Westküste Portugals nur im Vorbeiflug erlebt zu haben, plane ich einen Zwischenstopp auf halber Strecke in Praia de Melides – ein weiterer Tipp von Patrick. Smurfy läuft überhaupt nicht rund, ich aber auch nicht, weswegen ich der Sache zunächst wenig Beachtung schenke. Die Straße nach Melides – gut 15 Kilometer abseits der Hauptroute – führt über einen langgezogenen Berg. Smurfy hat am Hang überhaupt keinen Durchzug, und ich muss ständig runterschalten, was mich doch zunehmend beunruhigt. Jetzt bitte keine weitere Baustelle, nach der ganzen Woche Pause in Santiago! Der Praia de Melides ist ein sehr breiter Strand mit wenigen Touristen und einer Bude für die kleinen Glücklichmacher eines Strandtages. Landseitig erstreckt sich lagunenartig ein Flusslauf, ideal zum Stand-up-Paddeln.

Ich bin inzwischen wieder komplett verspannt und will es nur noch bis zur nächsten Werkstatt schaffen. Sicher ist es wieder ein Problem mit der Zündung, in Peniche war das nach einer halben Stunde gegessen. Also fix her mit der Expertise und weg mit den Sorgen! Ich kämpfe mich zurück über den Berg zur Autobahn. Während der Fahrt suche ich nach Werkstätten in Faro. Ich beginne mit Bulli-Verleihern, die schienen mir in der Vergangenheit die Verlässlichsten zu sein.

Siesta Campers hat sechs alte T2 im Verleih. Die werden also Kummer gewohnt sein und wissen, wie man rasche Abhilfe schafft. Ich habe Loyd, den Chef des Ganzen, direkt am Apparat. Er behauptet, er repariere auch selbst, und ich solle einfach mal vorbeikommen, sicher sei es kein großes Problem. Seine Motivation baut mich auf, aber von einer Werkstatt lese ich gar nichts auf seiner Website. Ich verabrede mich mit Loyd in zwei Stunden bei ihm.

Noch rund 150 Kilometer liegen vor uns. Ich bin happy, einen guten Schrauber gefunden zu haben, und die Autobahn ist eben, weswegen Smurfy läuft – ein Kinderspiel. Ich drehe die Musik auf und versuche, mich wieder zu entspannen. An der nächsten

Steigung nehmen die Probleme jedoch zu. Komm Smurfy, das wirst du ja wohl noch schaffen! Er will aber nicht so recht. Dritter Gang, 80 km/h, dann runter in den zweiten; die Tachonadel fällt unter 60 km/h. Ich fahre ganz rechts und schalte den Warnblinker ein. Dann geht es wieder bergab und wir beschleunigen. Doch der nächste Anstieg lässt nicht lange auf sich warten. Das wird heute nichts mehr bis Faro, denke ich mir, ich will auf gar keinen Fall auf der Autobahn liegen bleiben. Mir fehlen rund 115 Kilometer bis zum Ziel. Wieso bin ich überhaupt nach Melides gefahren? Nächste Abfahrt in zehn Kilometern: Castro Verde, die müssen wir packen. Mit Ach und Krach schaffen wir es bis zur Autobahnausfahrt mit Mautstation – die gilt es ja auch noch zu überwinden … Smurfy verreckt an der Schranke, er will doch wohl nicht hier stehen bleiben? Nach viel Georgel springt er noch einmal an, und wir zuckeln mit rund 40 Sachen Richtung Ort. Im Vorbeifahren sehe ich eine Autowerkstatt – eher eine Mischung aus Schrottplatz und Autowerkstatt –, aber sicherlich wird dort jemand Rat wissen. Wir kämpfen uns mit letzter Kraft auf den Hof, wo Smurfy dann komplett die Hufe von sich streckt. Endstation.

Castro Verde ist eine Kleinstadt mitten im Nirgendwo in der brütenden Hitze von Portugals Inland. Es ist Donnerstag, 15 Uhr. In der Werkstatt entdecke ich einen Mechaniker mit einem Tournee-T-Shirt von Marius Müller-Westernhagen. Das läuft, denke ich mir. Leider spricht er überhaupt kein Deutsch, kennt Westernhagen nicht einmal und hat das T-Shirt von einem Kunden geschenkt bekommen – nicht sexy. Er erläutert mir, dass es überhaupt keinen Sinn mache, sich den Wagen anzuschauen, da er vor Dienstag kommender Woche ohnehin keine Zeit habe. Ich bin immer noch der festen Überzeugung, dass es nur die Zündung sein kann … dennoch, er hat keine Zeit. Nach Faro sind es 107 Kilometer über die Autobahn. Er kenne einen Abschleppdienst, der für 1 € pro Kilometer fahre, das klingt nach einem Plan. Mir scheint die Autobahn ein großer Umweg zu sein. Wieso man nicht die direktere Strecke über die Landstraße nehmen solle, will ich wissen. Der Weg gehe in Schlangenlinien durch die Berge, den würden nur Wahnsinnige fahren.

Ich melde mich bei meinen Freunden vom ADAC, um den Abschleppwagen zu organisieren. Aus diesem Kaff muss ich schleunigst weg, bevor mir die Sonne das Hirn verbrennt. Was für ein trübes Fleckchen Erde, und ich mittendrin und den Launen des Mechanikers ausgeliefert. Der ADAC ist in solchen Fällen sehr hilfreich. Sie erläutern mir nüchtern, was der Höchstbetrag sei, der von ihnen übernommen werde – mir egal, den Rest zahle ich, Hauptsache weg hier. Ich rufe Loyd an, der mir zusichert, dass er auf mich warten werde. Mein Bauchgefühl sagt mir, dass er der Richtige ist.

17 Uhr, ich habe mich inzwischen mit dem Hund angefreundet, der den Schrottplatz bewacht. Ein total verwahrlostes und scheues Tier. Zum Lesen fehlt mir die Ruhe, zumal der Abschlepper jede Minute kommen sollte. Ich hake noch mal beim ADAC nach. Aktuell seien halt alle in Portugal extrem ausgelastet … interessiert mich gerade nicht, ich will nur weg. Um den Kopf frei zu bekommen, drehe ich eine Runde mit dem Elektro-Skateboard durch den Ort. Der erste Eindruck bestätigt sich: was für ein trostloses Kaff. 18:15 Uhr, kein Abschleppwagen in Sicht. Dafür kommt der Chef der Werkstatt und sagt mir, ich müsse das Gelände verlassen, sie würden bald schließen. Gerade will ich einige Helfer mobilisieren, um den Wagen vors Tor zu schieben, da kommt der Abschleppwagen um die Kurve. Heraus springt Carlos, das sonnigste Gemüt Portugals. Carlos ist bestimmt über 60 und trotz des ganzen Stresses extrem gut drauf. Bei genauer Betrachtung fällt mir auf, dass ihm die rechte Hand fehlt, und zwar ab Oberkante Handgelenk. Das soll mich nicht stören, Hauptsache weg von hier. Mit viel Geschick lädt er Smurfy auf und verzurrt ihn, aus meiner Sicht recht lieblos, aber das soll nicht mein Problem sein. Carlos will mit Loyd telefonieren. Wahrscheinlich um sicherzugehen, dass der Weg nicht umsonst ist. Zum Glück geht Loyd ans Telefon.

ASSISTÊNCIA
TELM: 932 810 000

Los geht die Reise, jedoch nicht in Richtung Autobahn. Oh Mann, wieso denn durch die Berge mit dem Gespann? Aber ich kann es nicht ändern. Carlos ist super redselig, nur leider kann ich kein Portugiesisch. Trotzdem lässt er nicht locker. Irgendwann verliert er den Spaß und fängt an zu telefonieren. Er wäre genau die Zielgruppe für ein Headset, hat aber keins. Also hält er das Handy mit links und lenkt mit dem Armstumpf den Wagen, der keine Automatik hat, über die engen Bergpässe. Von Zeit zu Zeit muss er etwas notieren, und da wird es wirklich kriminell: Er klemmt das Handy zwischen Ohr und Schulter, greift nach einem Block und macht sich Notizen, während er – keine Ahnung wie – den Wagen lenkt. Um das Ganze auch noch zu toppen, müssen danach ein paar SMS getippt werden. So was bringe selbst ich nur auf einer schnurgeraden Autobahn. Ich nehme die Konversation wieder auf, um ihn abzulenken, was echt zäh ist, da ich von den Ereignissen des Tages völlig geschafft bin. Er reduziert sich darauf, mir die Namen von Flora und Fauna beizubringen, und ich plappere sie fleißig nach – solange er bloß die eine Hand vom Handy lässt! Landschaftlich ist es in der Tat ein Erlebnis, und wir halten hier und da für einen Fotostopp an. Jedes vorbeifahrende Auto wird gegrüßt, alle Leute, die vor den Bars am Straßenrand sitzen, schauen uns an und grüßen zurück. Bis ich bemerke, dass wir schon die ganze Zeit mit orangem Rundumlicht fahren – kein Wunder. Ich verfolge die Strecke interessiert bei Google Maps. Irgendwann, kurz vor dem Ziel, muss er unbedingt anhalten, um Smurfy noch einmal mit einem weiteren Gurt zu sichern. Nun ist es fast schon egal.

Um kurz vor 21 Uhr erreichen wir die Werkstatt von Siesta Campers, die direkt neben einer Tankstelle liegt. Der Tankwart ist informiert und begrüßt mich. Hannes, der mit seiner Freundin eine halbe Stunde entfernt im Haus ihrer Eltern wohnt, hat angeboten, mich hier abzubergen. Ich bevorzuge es jedoch, beim Auto zu bleiben und morgen zeitnah mit der Fehlersuche zu beginnen. Nach diesem ereignisreichen Tag werde ich ohnehin sofort einschlafen. Zuvor verabschiede ich noch meinen

▲ Game over in the middle of nowhere.

◀ Zeit für Romantik. Sonnenuntergang an einem schwarzen Tag.

gesprächigen neuen Freund. Immerhin hatte ich auf den letzten 100 Kilometern keine Spritkosten.

Rechts und links neben Smurfy zähle ich vier T2 sowie einen T5 und einen T6 – gute Gesellschaft. Um Punkt 9 Uhr am nächsten Morgen kommt Loyd dazu und öffnet das Tor zu seiner Werkstatt. In Summe zähle ich zwölf T1 beziehungsweise T2 in allen möglichen Aggregatzuständen: von komplett verrottet über halbwegs restauriert bis tippi-toppi. Loyd selbst ist Engländer und mit seiner Frau Claire viel herumgereist, bis sie sich vor einigen Jahren mit ihren zwei Töchtern hier in São Brás de Alportel, nördlich von Faro, niedergelassen haben. Wie man hier landen kann, wenn man die ganze Welt gesehen hat, entzieht sich meiner Fantasie, ich werde das bei Gelegenheit mal erfragen. Dass Loyd Ahnung hat, wage ich von Beginn an nicht zu bezweifeln. Er zeigt mir seine Werkstatt und erläutert mir einige Projekte. Neben einem T1 aus Amerika in sehr gutem Zustand für 35.000 €, restauriert er einen »Silberfisch«, einen T2 mit 2,0 Litern der letzten Baureihe mit blau getönten Scheiben und blauen Velourspolstern. Ein absolutes Sammlerstück. Und Loyd macht gründliche Arbeit, soweit ich das als Laie beurteilen kann.

Smurfy ist rasch auf der Bühne und wird inspiziert. Nach einer halben Stunde dann die erste ernüchternde Diagnose: Die Ventile sind lose, irgendetwas in den Zylinderköpfen scheint kaputt zu sein. »Der Motor muss raus, dann wissen wir mehr«, sagt Loyd. Och nö, das hatten wir doch gerade erst vor zwei Wochen! Frustriert rufe ich Hannes an und bitte ihn, mich abzuholen. Wieder einmal packe ich meine Siebensachen zusammen, räume den Kühlschrank leer und bin einfach nur genervt. Parallel machen sich Loyd und sein Mitarbeiter schon daran, den Motor auszubauen, alles sehr routiniert. Könnte schlimmer sein; das Auto ist gut untergebracht, und ich bin auch in guter Gesellschaft. Ich freue mich darauf, wieder mal Zeit mit Hannes zu verbringen, lediglich die Vorzeichen unserer Zusammenkunft sind ungünstig.

WERKSTATTTIPP
SIESTA CAMPERS
Siesta Campers in São Brás de Alportel. Bulli-Vermietung und -Reparatur.
www.siestacampers.com

Die Werkstatt von Loyd: Siesta Campers.

ALGARVE VOM FEINSTEN

Vom ersten Eindruck her könnte sich hinter der Eingangstür des Hauses so ziemlich alles verbergen. Was dann folgt, beeindruckt mir hingegen zutiefst: Wir betreten ein sehr geschmackvoll eingerichtetes Haus, eher ein Anwesen, mit vier Schlafzimmern und einem riesigen Wohnbereich. Der großzügige Garten ist in bester Ordnung, grenzt direkt an die Steilküste und eröffnet einen traumhaften Blick über das Meer. Natürlich fehlt auch der obligatorische Pool nicht. Die beiden sind fürsorgliche Gastgeber, und wir lassen es uns zunächst einmal bei einem Kaltgetränk im Pool gutgehen. Wie sehr ich mich darauf gefreut habe, wieder einmal in Ruhe zu duschen und in einem ordentlichen Bett zu schlafen!

Dann ruft Loyd an: »It's worse than I thought.« Gut, der Worst Case ist ein Austauschmotor, das Thema habe ich ja gerade vor zwei Wochen eruiert. Die Ventile sind hin, mit ihnen die Zylinderköpfe und die Kolben. Alles in allem für rund 1.500 € Material, wobei noch noch dies und das hinzukommt. Also erst mal ein ordentlicher Schluck aus der Pulle. Ich telefoniere mit dem Verkäufer des Austauschmotors und baue mir die Argumentationskette für einen neuen Motor auf. Dieser würde am Montag kommissioniert, am Dienstag verschickt und am Mittwoch geliefert werden. Und die Teile von Loyd? Die kommen mit dem 24-Stunden-Service aus England. Leider ist dort Montag ein Feiertag, die Teile können folglich erst am Mittwoch hier sein. Was hat Smurfy bloß gegen Portugal und Besuch, und wieso bleibt er grundsätzlich am Freitag vor langen Wochenenden liegen?

Es ist Freitagabend. Ich mag das jetzt nicht mehr entscheiden, vor Montag passiert ohnehin nichts. Morgen landet Wiebke. Ich organisiere einen Mietwagen, mit dem ich am Nachmittag in der Werkstatt vorbeischauen und später Wiebke am Flughafen einsammeln will. Der Bulli soll mir übers Wochenende erst mal egal sein, ich freue mich auf meinen Besuch, und heute Abend wird in dem tollen Haus gemeinsam gekocht – es gibt Pizza.

Willkommene Ablenkung an der Algarve. ▶

Für den nächsten Tag ist eine Ausfahrt mit dem Motorboot geplant – life could treat us worse. Spielsachen eingepackt, Kühlbox gefüllt, und los geht's mit einem richtig schnittigen 6,50 Meter langen Flitzer mit richtig Wumms. Erster Programmpunkt: Wakeboard hinter dem Boot. Hannes scheint ganz happy, dass er sich mal ziehen lassen kann, und ich bin happy, mal Motorboot zu fahren. Wir wechseln uns ab und sind beide mit unserer Leistung recht zufrieden. Tagesordnungspunkt Nummer zwei: Höhlentour. Wir fahren mit dem Boot dicht an die Buchten und Höhlen heran, die das Meer in die Felsenküste der südlichen Algarve gespült hat. Abwechselnd nehmen wir das SUP und paddeln zu zweit in die Höhlen – was für ein Spaß! Auf der Weiterfahrt entdeckt Franzi Boote, die offensichtlich Delfine gespottet haben. Also hin da. In der Nähe der Delfine setzen wir Hannes mit dem SUP aus – er möchte mit den Tieren spielen. Sicherlich ist das nicht unmöglich, aber von rechts und links nähern sich große Boote mit fotobesessenen Touristen. Es ist mehr eine Jagd auf die Delfine als ein entspanntes Anschauen. Die Tiere müssen komplett gestresst sein von den vielen Motorgeräuschen. Hannes findet dennoch sein ganz persönliches Erlebnis, sodass wir bald weiterziehen können.

TOP vier auf der Liste: Axel. Wir laufen in die Lagune von Alvor ein, genau zwischen Lagos und Portimão. Irgendwo hier steckt Axel mit seinem 38-Fuß-Segelboot, mit dem er im Herbst vergangenen Jahres in Hamburg aufgebrochen ist. Ich sehe ein Boot mit bedrucktem Rumpf, das gerade im Begriff ist, die Fock auszurollen und vom Ankerplatz abzulegen. Auch das Vorsegel ist bedruckt: »KERNenergie« und »KiteWorldWide.com«, lese ich, die Hauptsponsoren dieser nautischen Irrfahrt. Wir nehmen die Verfolgung auf, bis ich schließlich rüber auf das Segelboot springen kann. Ich freue mich riesig, Axel wiederzusehen. Auch wenn wir uns erst seit Kurzem kennen, schätze ich ihn als sehr wertvollen Freund. Er hat ein sympathisches Gesicht, zumindest lässt sich das erahnen, denn es wird zum Großteil von einem rauschenden Hipsterbart verdeckt. Einem Bart aller-

Axel in action. ▶

dings, bei dem mancher Hipster neidisch wird. Wo die meisten nur dünnen, kräuseligen Haarwuchs haben, der mehr Ähnlichkeit mit Schambehaarung hat, sind es bei Axel dichte lange Haare. Sein Haupthaar ist auch recht lang, und dazu hat er einen behaarten Oberkörper. In Summe: Ein sehr sympathischer Kerl, der zum Großteil von Haaren bedeckt ist. Später stellt sich heraus, dass er den Bart so lange wachsen lassen will, bis sein Parallelprojekt, die Dissertation, abgeschlossen ist. Das nenne ich ein hehres Ziel. Wenn es dumm läuft, kann er sich den Bart in die Socken stopfen, bis die Diss im Druck ist.

Doch was genau macht dieser Kerl Mitte 30 hier im Süden Europas? Sein offizieller Auftrag lautet: für KiteWorldWide neue Kitespots an der Atlantikküste, in Nordafrika und – jetzt kommt's – in der Karibik zu ergründen. Die Atlantikküste hatte er weitestgehend im Kasten, als in einem Januarsturm vor Sagres, am südwestlichen Zipfel Portugals, »die Palme herunterkam«. Mit notdürftig fixiertem Mast schaffte er das havarierte Boot nach Portimão. So geschehen vor neun Monaten. Die Zeit seitdem hat er mit der Wiederherstellung des Bootes, Auseinandersetzungen mit der Versicherung und Kiten verbracht. Und der Plan mit der Karibik? Mit dem idealen Zeitpunkt für die Transatlantikpassage verhält es sich wie mit dem »Stargate« aus dem gleichnamigen Film: Irgendwann schließt es sich, und dann ist wieder Warten angesagt. Jetzt im September ist das Stargate für dieses Jahr schon wieder geschlossen, aber: Wait and see – es gibt ja noch Marokko, Madeira, die Kanaren und die Kapverden zu bereisen.

Heute ist das ohnehin völlig nebensächlich, denn es kommt Wind auf. Wir liegen an einem sicheren Ankerplatz in der Lagune, die bei Ebbe zu großen Teilen trockenfällt und eine Landschaft mit kleinen Sandinseln wie in der Karibik bildet. Am Rand werden die ersten Kites aufgebaut. Zufällig sind wir in DEM Kiterevier der Algarve gelandet, das durch einen recht starken regionalen Landwind begünstigt wird. Dank seiner Sponsoren hat Axel eine wirklich vorzeigbare Kitegarderobe an

Alvor: DER Kitespot an der Algarve.

Bord. Großzügigerweise leiht er mir eine Ausrüstung, und los geht's. Damit hätte ich heute nun überhaupt nicht gerechnet. Als echter Profi zeigt Axel mir ein paar gute Tricks und springt über das Motorboot – was für eine Show!

Es ist Montag, und bezüglich der Instandsetzung durch Loyd ist alles geklärt. Wir warten auf die Teile und den Verbau, der wirklich ein ziemlicher Eingriff ist. Mein Bauch hat sich gegen einen Austauschmotor entschieden. Mal schauen, ob das richtig war. Wenn nichts dazwischenkommt, sollte er frühestens Donnerstag, oder realistischerweise am Freitag, fertig sein. Bei Hannes und Franzi wird nun erst einmal ausgecheckt, ihre Gastfreundschaft habe ich ausreichend strapaziert. Mein Wunsch ist es immer noch, irgendwo in der Nähe von Arrifana an der Westküste ein entspanntes Plätzchen zu finden, wo Wiebke und ich einfach sein und abschalten können. Die Gegend wurde mir als sehr schön und »alternativ« beschrieben. Also auf mit dem Mietwagen an die Westküste!

Sukzessive klappern wir die Hotspots ab: Amado, Carrapateira, Arrifana – alles wunderschöne Strände, perfekt zum Surfen und sicher auch perfekt, um dort mit dem Bulli zu stehen. Eine ansprechende Unterkunft tut sich nicht auf; entweder sind es große Hotelburgen oder aber überfüllte Surferhostels. Wir wollen kiten, und da haben wir den besten Spot an der Algarve schon erlebt. Also zurück nach Alvor. Dort finden wir ein kleines Bed & Breakfast, sauber und ordentlich. Der Ort hat Charme und verfügt über kleine Bars und nette Restaurants – alles gut. Nicht so gut wie im Bulli, aber das ist jetzt nun mal unser Programm. Die nächsten beiden Tage verbringen wir wieder auf Axels Boot mit Segeln, Kiten und Chillen.

Den Rhythmus, maximal zwei Tage an einem Ort, behalten wir trotzdem bei, und so sitzen wir bald wieder auf. Ist ja doch zäh, so ohne Bulli. Alles will geplant und organisiert werden, ständig glüht die Kreditkarte – es ist wie das Leben in einer Parallel-

QUINOA SALAT MIT AVOCADO UND CHORIZO VON WIEBKE

ZUTATEN

150 g Quinoa
300 ml Tomatensaft
3 EL Olivenöl
2 EL Rotweinessig (oder anderen Essig)
250 g Kidneybohnen (kann, muss nicht)
1 Chorizo Wurst
Salz und Pfeffer

FRISCH BESORGEN:

1 rote Paprika
1 rote Zwiebel (zur Not auch Pulver)
1 Knoblauchzehe (zur Not auch Pulver)
1 relativ feste Avocado
1 Limette
1 Zitrone oder Zitronensaft

ZUBEREITUNG

Quinoa, Tomatensaft und ½ TL Salz in einen Topf geben und offen aufkochen, danach halb zugedeckt bei schwacher Hitze etwa 15 Minuten garen; auskühlen lassen. Paprika und Zwiebeln würfeln. Die Avocado ebenfalls würfeln und mit dem Zitronensaft vorsichtig mischen. Danach alles zusammen in einer großen Schüssel vermischen. Für die Vinaigrette Olivenöl, Rotweinessig, 1 EL Limettensaft, Salz und Pfeffer in eine Schüssel geben, mit einem Schneebesen kräftig aufschlagen. Knoblauch dazu geben. Die Vinaigrette mit dem Salat verrühren, danach alles 1 Stunde kühlen und durchziehen lassen.
Die Chorizo abziehen in in Scheiben schneiden und in der Pfanne anbraten. Danach die Wurstscheiben mitsamt dem ausgetretenen Fett auf dem Salat verteilen.

welt, das so nicht geplant war: alles okay, aber eigentlich nicht mein Drehbuch. Zum Glück hat Wiebke ein Designhotel in Sagres auserkoren. Das Memmo ist im Bauhausstil mit modernen Designelementen gehalten. Sehr positiv fallen die angenehmen und vorwiegend jungen Gäste auf. Der Designtourist ist offensichtlich anspruchsvoll und Individualist zugleich. Die zwei Tage im Memmo sind äußerst angenehm, wie ein Urlaub von der »normalen Welt«.

KULTURTIPP

SÜDLICHE KÜSTE DER ALGARVE

Die südliche Küste der Algarve zwischen Sagres und Faro ist touristisch komplett überbesiedelt. Durchaus sehenswert sind die Höhlen entlang der Küste, ansonsten ist die Gegend für freies Campen ungeeignet. Umso schöner sind die Westküste der Algarve um Amado und Arrifana sowie die Gegend etwas westlich von Faro bis an die spanische Grenze.

I WANT MY BULLI BACK!

Es ist Freitag. Nun langt es aber wirklich: Ich will meinen Bulli zurück! Die Kreditkarte verrichtet wieder ihren Dienst an der Rezeption, und wir sitzen auf. Wir legen noch einen letzten Touristenstopp am Cabo de São Vicente ein, dem westlichsten Punkt Europas. Und hier, in einer Wurstbude, gibt es sie: »Die letzte Bratwurst vor Amerika«. Die vorwiegend deutschen Touristen reihen sich geduldig in die lange Schlange vor der Würstchenbude ein. Im Geiste ziehe ich meinen Hut vor dieser Werbeidee – einfach genial! Dann geht es zurück in Richtung Faro. Bei brütender Hitze umkreisen wir die Stadt auf dem Weg in die Werkstatt, denn heute soll der Bulli fertig werden, heißt es. Aber kein Zeichen von Loyd. Die letzte Info war: Der Auspuff sei so kaputt, dass er sich nicht montieren lasse.

Faro ist touristisch gesehen nicht der Rede wert. Wir fahren zum Praia de Faro, einer langgezogenen Insel an der Küste – sozusagen das Long Island von Portugal. Dort setzen wir uns eine Deadline für abends um 18:30 Uhr: Wenn bis dahin keine Info kommt, wollen wir uns hier ein Zimmer nehmen. Als es halb sieben ist, checken wir im WAX Hostel ein – eine gepflegte Unterkunft im Surferstyle mit netten Leuten. Der Strand leert sich ohnehin, es könnte uns also härter treffen. Kaum haben wir uns eingerichtet, meldet sich Loyd: Es sei alles nicht so einfach, aber er sei dran. Wir verabreden uns für den nächsten Tag in der

Warten mit Wiebke – ob der Bulli heute fertig wird? ▲

Auf ein Bier mit Axel. ▶

ASTRA
PREMIUM
BIER

Werkstatt, doch jetzt möchte erst einmal der Sonnenuntergang genossen werden.

Samstag, 10:30 Uhr: Wir befinden uns bei Siesta Campers. Loyd schraubt immer noch an Smurfy herum, der hoch aufgebockt ist. Aber er läuft rund und wird nach über einer Woche wieder auf die eigenen Räder gestellt. Die erste Probefahrt verläuft ohne Beanstandungen, abgesehen von einem recht lauten Auspuff, aber bis ein neuer Auspuff eingetroffen ist, müsste das halten. Selbiger soll spätestens am Mittwoch kommen. Aufbauend auf den Erfahrungen von Santiago beschließe ich, den Motor zunächst hier in der Region einzufahren und dann in Richtung Spanien weiterzudüsen.

Fuseta Beach ist das Ziel unserer ersten Ausfahrt zu dritt; leider ist es auch Wiebkes letzter Tag. Der gesamte östliche Küstenbereich der Algarve, der westlich von Faro beginnt, ist von einer Lagunenlandschaft gekennzeichnet: Die Küste läuft flach aus, dann kommt Wasser und dann wieder Inseln. Wir finden einen recht versteckten, von Inseln und Wasser umgebenen Stellplatz, einfach traumhaft! Der perfekte Bulli-Trip mit Chillen, Stand-up-Paddeln und Baden kann beginnen. Leider ist er für Wiebke nur kurz, denn morgen früh geht bereits ihr Flieger zurück in die Heimat. Aber so ist das unstete Leben mit Smurfy nun einmal.

STELLPLATZTIPP
FUSETA BEACH
Der Weg führt durch die Salinen zu einem entspannten Spot fernab des Trubels.
37°03'07.1"N
7°44'30.6"W

SURF CARRAPATEIRA

Ein letztes Goodbye und Wiebke fliegt davon. Leider hat sie nur eine Nacht im Bulli verbracht. Vom Flughafen fahre ich direkt in Richtung Westküste. Nach dem vielen Hin und Her brauche ich dringend ein paar Tage für mich allein, fernab der Zivilisation. Auf Smurfys Seitenscheibe prangt noch vom Vorbesitzer der Aufkleber: »Surf Carrapateira«. Ich hatte ihn damals dran gelassen, weil ich es so weltenbummlerisch fand. Also auf nach Carrapateira, den Weg wird er ja noch kennen. Wer die Strän-

Salzgewinnung in Fuseta.

de hier gesehen und erlebt hat, ist verdorben für alles, was da noch kommen mag. Der Parkplatz befindet sich oben auf der Klippe mit einem tollen Blick über das Meer und den Strand. Ein Steinweg führt hinunter zum Strand, endet aber vor einer kleinen Lagune. Von da an wird es nass – zwar nur knietief, aber hier muss jeder durch. Auf dem weiten Strand stehen vielleicht 40 mit Schilf bedeckte Schirme und eine kleine Strandbar. Die wenigen Menschen verteilen sich weitläufig auf der riesigen Fläche. Vom Meer her läuft eine perfekte Welle. Hier möchte ich erst einmal bleiben. Ich greife mir mein 11-€-Bodyboard, das ich im Kaufrausch bei Decathlon erstanden habe, zufällig ist es blau. Ich hatte es eigentlich gar nicht kaufen wollen, dachte aber, dass es sicher Spaß bringen und nicht so anstrengend sein würde wie Surfen. Mit dem Bodyboard unterm Arm, gehe ich die Treppe zum Strand hinunter und fühle mich irgendwie … blöd. Mit einem Surfboard ist man cool, mit einem Bodyboard ten-

Smurfy in Carrapateira – laut Sticker auf der Schiebetüre nicht zum ersten Mal.

denziell armselig. Ich stürze mich in die Wellen. Es ist wie Mofa fahren: Spaßig, aber man möchte nicht dabei gesehen werden. Auf dem Weg zurück zum Bulli verschenke ich das Board an zwei spielende Kinder. Die Blöße gebe ich mir kein zweites Mal.

Am nächsten Tag miete ich mir ein richtiges Surfboard, das ist wenigstens »männlich«. Zu meiner Überraschung stehe ich fast jede Welle. Ich schreibe diesen Zufall nicht meinem Talent zu, sondern der enormen Kraft der Wellen hier am Spot. Zufrieden mit meiner Leistung, gönne ich mir ein Ben-&-Jerry's-Eis an der Strandbar. Und während ich es völlig entspannt genieße, philosophiere ich über den perfekten Strand, den ich seit einer Ewigkeit suche. Vielleicht bin ich ja gerade dort und spüre es nur nicht? Oder ist der perfekte Strand kein Ort, sondern ein Gefühl? Wenn ja, kann ich dieses Gefühl überhaupt allein erleben?

Tatendrang kommt auf. Als Nächstes möchte ich die Gegend erkunden. Zudem braucht die Partybatterie ein wenig Strom. Mein Vertrauen in die Technik hat in den letzten Wochen arg gelitten. Und dann leuchtet aus heiterem Himmel die rote Batterielampe auf. Was ist denn nun schon wieder! Ich habe keine Lust auf weitere Baustellen, erst recht nicht hier in der Botanik. Beim Blick in den Motorraum ist der Fehler schnell identifiziert: Der Keilriemen ist abgesprungen. Ich muss schmunzeln. Das sollte ich wohl allein beheben können. Nach gut einer halben Stunde geht es mit frischem Mut weiter. Es dämmert, und ich habe noch keinen Stellplatz für die Nacht. Am Ende eines kleinen Schotterweges oberhalb der Steilküste von Monte Clérigo werde ich fündig; nicht nur in Bezug auf einen schönen Platz, sondern auch, was nette Gesellschaft angeht. Vor mir steht ein weiterer T2 mit deutschem Kennzeichen und einem sympathischen jungen Paar. Wie sich herausstellt, gehört der Bulli seinem Vater, parkt seit den frühen 90ern in Lissabon und wird nur sporadisch für Urlaubstouren genutzt. Den TÜV hat er schon ewig nicht gesehen. Ich kann den beiden sogar bei der Einstellung des Motors helfen und ihnen Tipps für Werkstätten

STELLPLATZTIPP
CARRAPATEIRA, PRAIA DA BORDEIRA
Die Parkplätze westlich des Strandes auf dem Felsen bieten zahlreiche Übernachtungsmöglichkeiten mit traumhaftem Blick. Toilette: Fehlanzeige, auch nicht bei der Strandbar.
37°11'50.5"N
8°54'22.8"W

STELLPLATZTIPP

PRAIA DO MONTE CLÉRIGO

In der Gegend von Arrifana wird Wildcampen nicht gern sehen. Am Ende der Schotterstraße steht man hoch oben auf der Steilküste mit einem traumhaften Blick über das Meer.

37°19'54.7"N
8°51'40.8"W

geben, damit kenne ich mich ja nun bestens aus. Es wird ein lustiger Abend mit tollen Gesprächen bei Pastasalat und Rotwein. Am nächsten Tag bin ich wieder mit Axel in der Lagune von Alvor verabredet. Ich habe einfach Lust, noch ein wenig Zeit mit ihm allein zu verbringen, denn ich schätze seine Meinung und die Gespräche mit ihm besonders. Es wird ein klasse Tag; mit seinem Boot segeln wir nach Lagos und erkunden dort mit dem Beiboot die faszinierende Höhlenlandschaft. Abends grillen wir vor Smurfy.

Am nächsten Tag, Mittwoch, geht es zeitig los, denn ich bin mit Loyd zum finalen Tune-up in seiner Werkstatt verabredet: Alles soll noch einmal ordentlich eingestellt und der neue Auspuff montiert werden. 75 Kilometer vor dem Ziel leuchtet mitten auf der Autobahn wieder die Batterielampe auf. Bitte nicht! Ich schaffe die Reparatur in unter 20 Minuten, und weiter geht's … Allerdings nur gute zehn Kilometer, dann muss ich wieder rechts ranfahren: Keilriemen erneut aufspannen. Bei genauer Betrachtung schwingt er ungewöhnlich heftig. Mann, wir werden es doch wohl noch bis in die Werkstatt schaffen! Keine Chance, kurze Zeit später meldet sich wieder die rote Leuchte. Ich bin sauer. Jetzt fahre ich aber erst einmal bis zur nächsten Tankstelle, damit ich nicht am Rande der Autobahn unter dem Wagen liegen muss. Dort angekommen, lässt ein Blick in den Motorraum erahnen, dass es nicht die beste Idee war, weiterzufahren. Den Keilriemen hat es komplett zerfetzt. Der Schaden ist im Rahmen, Ersatz habe ich da, aber lange halten wird der neue sicher auch nicht. Ich rufe Loyd an: »Misalignment between engine and alternator.« Hätte ich doch den Austauschmotor nehmen sollen? Der Keilriemen treibt lediglich die Lichtmaschine an. Egal, ich lasse es drauf ankommen und fahre ohne Keilriemen los. Soll er die Energie von der Starterbatterie nehmen, das wird schon passen. Wenn alle Stricke reißen, dann orgele ich eben noch die Partybatterie leer. Bloß nicht wieder drei Stunden auf einen Abschleppwagen warten müssen! Der Motor macht schreckliche Geräusche im niedrigen Drehzahlbereich.

J.A.E.
CASA DE CANTONEIROS
1942

Ist doch wieder alles hinüber? Maximal angespannt fahre ich los. Mit einem wahnsinnig scheppernden Motor erreiche ich 50 Minuten später die Werkstatt. Ich gebe Loyd die Schlüssel und haue ab. Das ist mir alles zu viel, erst einmal muss ich den Adrenalinspiegel wieder runterbekommen. Soll er machen, was zu machen ist, ich bin auf alles gefasst, aber nicht hier und jetzt.

Nach einer Stunde kehre ich in die Werkstatt zurück. Smurfy steht auf der Bühne, der Motor nebst Getriebe daneben. Das ging ja fix, denke ich mir, wieder komplett im Ruhepulsbereich. Loyd hat den Fehler rasch identifiziert: Die Schrauben zur Kupplungsscheibe hatten sich gelockert. Stimmt, die Kupplung hatten wir auch getauscht. Das wäre mit dem Austauschmotor auch passiert. Die besagten Schrauben liegen jedoch genau zwischen Motor und Getriebe, es ist also ein ziemlicher Eingriff. Doch: Problem erkannt, Gefahr gebannt. Loyd bietet mir an, eine Spritztour mit einem Scooter zu machen. Ich liebe Scooterfahren, greife mir das doch recht klapprige Teil und brettere los. Beim Rollerfahren kann ich so herrlich meine Gedanken sortieren. Und der erste Gedanke dreht sich um die Was-wäre-wenn-Frage: Ich bin gut 300 Kilometer um die Werkstatt gekreist. Die gleiche Entfernung in eine Richtung hätte garantiert den »sudden death« bedeutet. Keine andere Werkstatt hätte den Fehler so schnell identifiziert, das wäre also das Ende gewesen.

Ich genieße die Rollertour und bin frohen Mutes, dass wieder alles gut wird, gut werden muss. Ich verbringe den ganzen Tag damit, das Hinterland zu erkunden – bergauf, bergab –, das Teil verbraucht echt wenig Sprit. Liegenbleiben wäre hier keine Option, denn in den Bergen gibt es nicht einmal Handyempfang. Gegen 18 Uhr peile ich langsam den Rückweg an. Die Tanknadel bewegt sich in Richtung des roten Bereiches, hoffentlich geht mir jetzt nicht das Benzin aus. Kaum habe ich diesen Gedanken zu Ende gedacht, fängt der Motor an zu stottern. Jetzt bloß kühlen Kopf bewahren. Ich schaue aufs Handy: Zwei Kilometer fehlen mir noch zum Ziel. Von diesen zwei Kilometern

▲ Schöner Abend unter Bulli-Freunden.

◀ Auf auch zwei Rädern kultig unterwegs.

▲
»Misalignment between engine and alternator«.

führt der größte Teil bergab. Die Blöße, jemanden um Benzin anzupumpen, gebe ich mir nicht und schiebe los. Nach gut 500 Metern habe ich den Punkt erreicht, von dem an es nur noch bergab geht. Mit Gejohle rolle ich bis vor die Werkstatt. Smurfy ist inzwischen wieder fit, aber ein paar Arbeiten müssen auf den nächsten Tag verschoben werden. Egal, ich fahre für die Nacht an die Küste und lasse es mir gutgehen.

Nächster und definitiv letzter Werkstatttag: Die Wartezeit soll sinnvoller genutzt werden, und so beschließe ich, einen Waschtag einzulegen. Das geht hier ganz einfach: Vor dem Intermarché stehen Waschmaschinen, die 18 Kilogramm Inhalt fassen. Ich parke direkt davor, lade Smurfys gesamten textilen Inhalt in die Waschtrommel und schalte die Maschine ein. 45 Minuten später wird dann alles in den 18-Kilo-Trockner geladen, und schon ist das Thema durch – sofern der Trockner frei ist, was natürlich nicht der Fall ist. Loyd gibt mir als Ersatzfahrzeug einen uralten roten Käfer. Der Roller springt nicht mehr an, weil er zu radikal leer gefahren wurde – ups! Der Käfer läuft katastrophal, aber ich muss ja nur zwischen Werkstatt und Intermarché hin- und herfahren. Als ich wieder in der Werkstatt bin, bitte ich Loyd, doch noch einmal nach dem kaputten Kilometerzähler zu schauen. Als ich ihn wenig später laut fluchen höre, kommt mir in den Sinn, dass wir das besser hätten lassen sollen. Jetzt funktioniert die Tankanzeige nicht mehr, aber eins von beidem brauche ich: Kilometerzähler oder Tankanzeige. Die Kabel im Armaturenbrett sind nun mal alle recht marode und dementsprechend sensibel. Egal, irgendwann ist er fertig. Ich betrachte die Anzeigen. Der Tacho zeigt jetzt »miles per hour« an und zählt auch Meilen, hat dafür aber keinen Tageskilometer- respektive Tagesmeilenzähler mehr. Aber das ist mir jetzt alles gleich. Wir gehen zum Finanziellen über, und dann will ich fix weg aus Portugal, nach Spanien.

Wissend, dass ich die Reparaturen nie wieder so günstig bekommen werde wie hier, habe ich richtig zugelangt. Ursprünglich kaputt waren – und jetzt ausgetauscht sind: Zylinderköpfe, Ventile, Kolben und ein wenig Kram drumherum. Hinzu kamen noch die neue Kupplung (weil der Motor schon einmal draußen war), ein elektronischer Zündunterbrecher (muss man haben), ein neuer Auspuff, das Radlager, ein neuer Schaltknüppel und der Tacho, den ich in Hamburg sowieso wieder austauschen werde. Hauptsache, der Hobel hält jetzt für den Rest der Reise, denn ab hier werden Kilometer gefressen. Ich lasse mir noch die Kontaktdaten einer Werkstatt in Málaga geben, die nach weiteren 600 Kilometern noch einmal über alles drüberschauen soll, und ab geht die Fahrt. Spanien, wir kommen!

N
W
O
S
BISKAYA
FRANKREICH
LEUCATE
GIRONA
SPANIEN
BARCELONA
SITGES
MADRID
TRABUCADOR
PORTUGAL
MITTELMEER
SEVILLA
PLAYA DE CALBLANQUE
ATLANTIK
MALAGA
CONIL DE LA FRONTERA
TARIFA
MITTELMEER

04

SPANIENS MITTELMEERKÜSTE

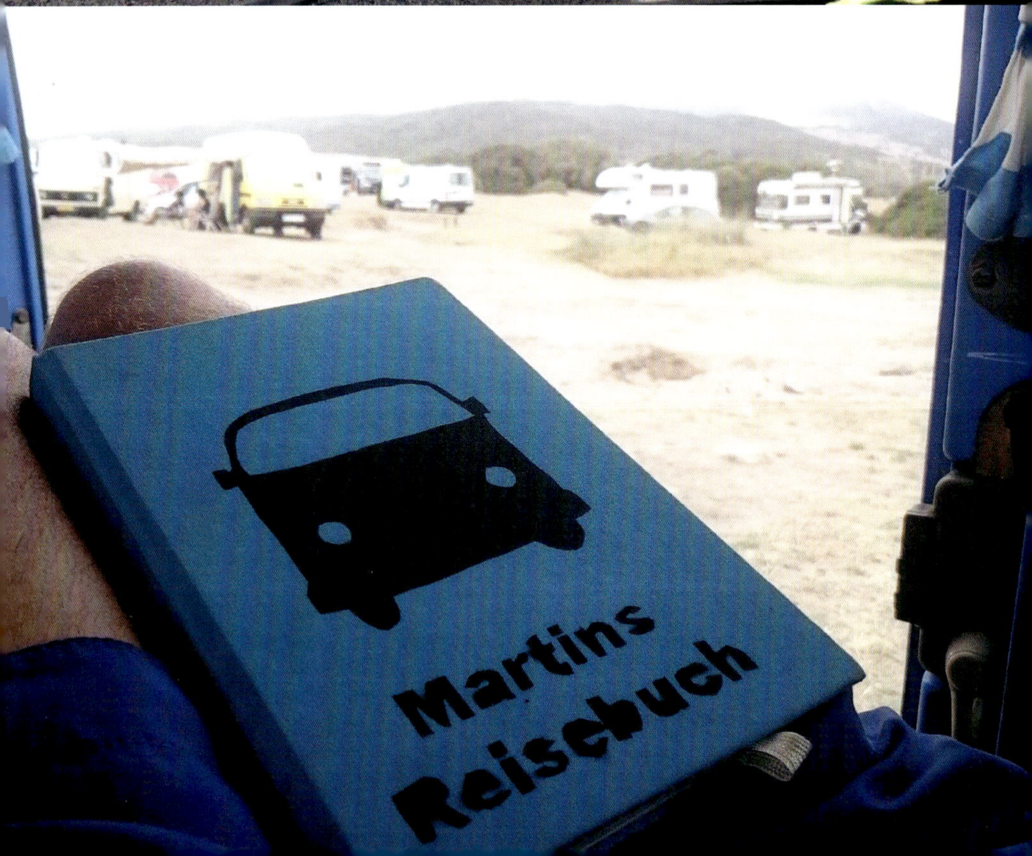
Martins
Reisebuch

DAS ZIEL VOR AUGEN

Bis Tarifa schaffe ich es nicht in einem Rutsch. Zwar läuft der Wagen, aber es wird langsam dunkel, und im Dunkeln mag ich nicht fahren, zumal die Armaturenbeleuchtung seit heute nicht mehr funktioniert. Irgendwas ist immer. Portugal liegt weit hinter uns, und ich suche einen Schlafplatz an der Küste, in Conil, gut zwei Stunden vor Tarifa. So werde ich morgen Mittag ankommen, das klingt gut.

Das Gefühl auf den letzten Kilometern ist überwältigend. Mit Smurfy in Tarifa einzulaufen, gleicht dem Zielsprint beim Hamburg Triathlon. Fenster runter, Musik voll aufgedreht: »To the Sea« von Jules Ahoi and the Deepsea Orchestra. Ich genieße die Fahrt durch den Ort, vorbei an der Festung, und halte schließlich auf dem Parkplatz neben dem Hotel Arte Vida. Ein perfekter Strand, ein perfekter Platz. Tarifa hat sich unglaublich gemausert, seit ich zuletzt vor sieben Jahren genau hier stand. Es ist und bleibt das Kite-Mekka der Welt, und jetzt bin ich hier – am Ziel meiner Reise, jedoch noch nicht am Ende. Der Wind ist optimal. Ich baue meinen Kite auf und gehe aufs Wasser. Smurfy steht in Sichtweite, die Frontseite dem Wasser leicht zugewandt, und schaut mir mit seiner Ersatzradnase zu. Ich glaube, er lacht.

Lieber Martin,
die Reise scheint Dir so richtig gutzutun, und das freut mich zu sehen. Für Smurfy ist es wohl ein notwendiger Grenzgang, seine Macken ebnen Dir den Weg zu interessanten Begegnungen und schaffen Herausforderungen, ohne dass Routine droht. Jeden Tag Sonnenschein, perfekter Surf, mit allen Leuten auf einer Wellenlänge und Smurfy so solide wie ein Schweizer Uhrwerk – das wäre auf Dauer kaum zu genießen.
Ich wünsche Dir weiterhin eine so spannende, kontrastreiche Reise. Gib Smurfy einen Klaps aufs Heck von mir, und habt es schön, ihr zwei.
Dein Freund Lars

▲ Die Straße nach Tarifa.

◀ Zeit für Notizen auf der »Kuhwiese« von Tarifa.

STELLPLATZTIPP
TARIFA
Die sogenannte Kuhwiese am Playa de Valdevaqueros ist der Gratisstellplatz Tarifas. Es gibt weder Müllcontainer noch WCs, dafür eine Bar und einen traumhaften Kitespot.
36°04'08.9"N
5°41'09.4"W

Am Ziel angekommen zu sein, verschafft mir eine unglaubliche Erleichterung, gefolgt von einer anhaltenden Müdigkeit. Während der folgenden zwei Tage reduziere ich mich auf lebenserhaltende Maßnahmen: Essen, Trinken, Schlafen, Kiten. Selbst ein Campingplatz ist mir zu viel, ich stelle mich auf die Hippiewiese im Norden Tarifas vor die Düne. Zwei Tage lang habe ich mit niemandem Kontakt, döse vor mich hin und lasse die Gedanken fliegen. Das Spannende dabei ist: Die anderen lassen mich in Ruhe. Auf so einem großen Platz würde ich unter normalen Umständen keine fünf Minuten vor dem Bulli sitzen können, bis irgendein Komiker ankäme und mir erzählen würde, dass er auch schon mal so ein Auto hatte, damals ... 1980. Wie du in den Wald hineinrufst, so schallt es zurück, denke ich mir. So bewusst habe ich das noch nie erlebt. Am dritten Tag habe ich mich genug ausgeruht; Tatendrang macht sich breit, und der Wunsch nach Gesellschaft.

In Spuckweite zu Smurfy standen schon während der letzten Tage zwei weiße Transporter aus Deutschland. Unterschwellig suche ich eigentlich immer die Nähe zu Deutschen, sofern vorhanden, doch bis dato habe ich sie vollständig ignoriert. Heute, nach dem morgendlichen Routineprogramm, tritt Julie plötzlich aus heiterem Himmel in mein Leben. Julie ist freiberufliche Automobildesignerin und anscheinend ständig unterwegs. Sie lebt in ihrem VW T5, den sie selbst ausgebaut hat, und zwar mit so vielen Sicherheitsvorkehrungen, dass er einem Fort Knox auf Rädern gleicht. Ich erfahre, dass es auch bei einem T5 zu technischen Problemen kommen kann, die liegen dann meist in der Elektronik. So hat sie sich schon sowohl im Auto eingeschlossen – ja, das geht bei neuen Autos – als auch ausgeschlossen, woraufhin selbst VW keinen Rat wusste und die Scheibe eingeschlagen werden musste. So läuft das also mit der modernen Technik. Julie ist eine echte Individualistin, sehr lebensfroh und Kiterin. Wir verabreden uns zum gemeinsamen Abendessen in der nahegelegenen Strandbar Tumbao, trinken Mojitos, essen Burger und haben einen richtig runden Abend. So lasse ich es

▲ ◀ Angekommen im Kite-Mekka: Tarifa.

mir gefallen: Ich bin wieder zurück im Leben. In den folgenden Tagen verbringen Julie und ich viel Zeit miteinander. Wir bummeln durch Tarifa, gehen nett essen oder kiten.

Tarifa kennt zwei Hauptwindrichtungen: den über die Berge kommenden Levante, der zwar warm und kräftig ist, aber unfassbar böig, und den kälteren, vom Meer kommenden Poniente, stetig und mit Wellen. Das Wetter ist klasse, aber es schmeckt bereits nach Herbst. Und zwischendrin kommt, was ich schon komplett verdrängt hatte: Regen. Der erste Regen seit zwei Monaten, was hatte ich für ein Glück mit dem Wetter!

KULTURTIPP

TARIFA

Tarifa ist ein pulsierendes Örtchen mit einer Mischung aus Surfshops und netten Bars. Die Altstadt lädt mit ihren schmalen Gassen zum Treibenlassen ein. Tagsüber spielt sich das Leben am knapp zehn Kilometer langen Küstenstreifen ab, der von Kites übersät ist.

ZURÜCK IN RICHTUNG NORDEN

Nach fünf Tagen in Tarifa heißt es wieder aufsitzen, die Straße ruft. Von nun an werden wir in großen Schritten am Mittelmeer entlang der Heimat entgegenfahren. Der erste Stopp ist die Werkstatt von Luis, »Volkstuning«, in der Nähe von Málaga. Er soll sich einfach nur den Motor anhören und feststellen, ob alles okay ist. Mein Vertrauen ist immer noch leicht angeknackst, und vor uns liegen gut 3.000 Kilometer bis in die Heimat. Luis kennt sich bestens aus: Der Motor sei zwar recht »fett« eingestellt, das rieche man, klinge aber sonst gut – alles klar! Zusammen mit Julie habe ich ein paar Spots entlang der Route ausgesucht, sie will dann gegebenenfalls nachkommen.

Das nächste Kiterevier ist das Mar Menor bei Cartagena, das im Guide mit zahlreichen Spots gelistet ist. Das Mar Menor ist eine riesige Lagune von der Größe des Steinhuder Meeres und wird durch eine schmale Landzunge vom Meer getrennt. Bei Google Maps sieht das sehr natürlich und romantisch aus. Der kürzeste Weg dorthin führt nicht direkt an der Küste entlang, sondern ein gutes Stück durchs Hinterland. Die Landschaft ist wüstenähnlich – also bloß nicht liegenbleiben! Man wähnt sich auf einer Straße nach Las Vegas. Tauchen gleich bunte Lichter

POLENTA VON JULIE

ZUTATEN
250 g Maisgries
Gemüsebrühe
½ l Milch
½ l Wasser
Butter/Salz/Pfeffer

DAZU (WAHLWEISE):
Zucchini/Gemüse
Tomatensauce/Pesto

ZUBEREITUNG
Wasser/Milch mit Gemüsebrühe aufkochen, Maisgries hinein und bei wenig Hitze ein paar Minuten quellen lassen – nicht anbrennen lassen. Das Ganze mit Salz, Pfeffer, Butter und – wer mag – mit Gewürzen (zum Beispiel Rosmarin oder Kräuter der Provence) abschmecken. Die Polenta ist eine klassische Beilage. Sie schmeckt hervorragend mit Tomatensoße oder Pesto, weiter lässt sich Gemüse wie Zucchini, Paprika, Tomate etc. dazu bereiten. Die abgekühlte, feste Polenta kann in Stücke geschnitten und in Öl angebraten werden, beispielsweise am nächsten Tag.

am Horizont auf? Ein Blick auf die Karte verrät, dass wir uns in der Sierra Nevada befinden. Wir schaffen es ohne Probleme aus der Wüste heraus und wieder ans Wasser.

Nur noch wenige Kilometer bis zum Tagesziel La Manga del Mar Menor. Schon von Weitem erkenne ich Hochhäuser. Das kann doch nicht wahr sein: Die gesamte schmale Landzunge ist bis auf den letzten Quadratmeter mit Bettenburgen zugepflastert. Dass von der spanischen Mittelmeerküste nicht viel zu erwarten ist, war mir schon klar, aber so ein kleines Fleckchen Erde derart zuzubetonieren! Im Schritttempo fahre ich die Straße ab und habe schon keine Lust mehr. Von hier will ich am liebsten gleich wieder weg.

Der Kiteguide verweist noch auf einen weiteren Spot in der Nähe in einem Naturschutzgebiet, das wäre einen Versuch wert, auch wenn es bereits eine Stunde vor Sonnenuntergang ist. Also, fix den Spot auf Google Maps markiert und »LOS«. Ich weiß nicht, nach welchen Kriterien Google diese Route ausgewählt hat. Smurfy ist zwar erprobtermaßen geländegängig, aber wir fahren auf einem extrem schmalen und steinigen Weg bergauf. Als es noch extremer zu werden droht, steige ich erst einmal aus. Mit einem gut motorisierten Quad hätte man hier vielleicht eine Chance. Auf dem Satellitenbild waren doch »normale« Autos am Ziel zu sehen. Will ich mich so spät noch auf das Abenteuer einlassen? Ja. Also rein in den nächsten Feldweg, der mich hoffentlich auf einen besseren Weg führt. Das geht auch eine ganze Weile gut, immer gegen die tief stehende Sonne. Dann sehe ich etwas, das wie ein offizieller Weg zum Nationalpark aussieht. Zwei Meter davor muss ich scharf bremsen: Zwischen uns und der asphaltierten Straße befindet sich eine betonierte Entwässerungsrinne – zu groß, um sie zu ignorieren, zu klein, um zu kapitulieren. Ich suche ein paar große Steine zusammen und bastele mir eine Überfahrt. Der Puls steigt; wenn das schiefgeht, reißt der gesamte neue Auspuff ab. Es glückt, und zufrieden setze ich die Fahrt über eine komfortable Straße fort, die mich

WERKSTATTTIPP

VOLKSTUNING

Eine super kompetente und aufgeräumte Werkstatt für luftgekühlte Autos, geleitet vom Engländer Luis. Gutes Teilesortiment. Was nicht da ist, kann schnell bestellt werden.
Calle Juan de Herrera, 46, 29680 Estepona, Málaga, Spanien.
www.volkstuning.com

KULTURTIPP

JÚZCAR (»SMURF VILLAGE«)

Ein Dorf in Andalusien, in der Nähe von Marbella in den Bergen gelegen, das zur Premiere des Films »Die Schlümpfe« im Frühjahr 2011 komplett in Schlumpfblau angemalt wurde, inklusive der Kirche. Aufgrund des regen Touristenaufkommens haben die Bewohner das Angebot, das Dorf wieder weiß zu streichen, bei einer Abstimmung dankend abgelehnt.
36°37'31.1"N
5°10'12.9"W

STELLPLATZTIPP

PLAYA DE CALBLANQUE

Playa de Calblanque ist ein recht ursprünglicher Wellenspot und liegt fernab der Unmengen von Touristen im Naturschutzgebiet.

37°36'20.0"N
0°43'42.5"W

weiter ins Naturschutzgebiet an den schönen Strand von Calblanque führt. Dort erspähe ich Camper – na bitte! Alle scheinen jedoch gerade in Aufbruchsstimmung zu sein. Offensichtlich patrouilliert hier die Polizei. So ein Mist. Leicht genervt entscheide ich mich dafür, im Sportboothafen auf der Halbinsel La Manga del Mar Menor zu übernachten. Das ist zwar noch ein Stück des Weges, aber der Hafen wird gut bewacht sein.

Nach der langen Strecke und den vielen Ereignissen schlafe ich hervorragend. Am nächsten Tag geht es weiter. Richtig toll läuft der Wagen nicht, er tendiert gelegentlich dazu, abzusaufen, und spektakulär sind die Fehlzündungen bei langsamer Fahrt, wobei es recht laut aus dem Auspuff knallt. Erst mal zur Tankstelle; ich traue meinen Augen nicht: 15,7 Liter auf 100 Kilometer. »Fett eingestellt« ist das eine, aber 15,7 Liter sind mit Blick auf die verbleibenden 2.500 Kilometer keine Kleinigkeit. Ich versuche, es gelassen zu nehmen, denn der Motor läuft, und der Mehrverbrauch wird am Ende auch nur rund 120 € betragen. Dann muss ich ihn eben bei nächster Gelegenheit neu einstellen. Dass ich die Sache doch nicht so gelassen sehe, beweist mir mein Zittern, als ich am Geldautomaten meine PIN eingebe. Ich will hier nicht liegenbleiben, ich will hier nicht einmal tot über den Zaun hängen!

FLAMINGOS

Eine Bulli-Tour orientiert sich stets an drei Aspekten: Wo will ich aufwachen, wo Mittag essen und wo übernachten. Zudem sollte eine Tagestour 500 Kilometer nicht überschreiten. Ich entscheide mich für Valencia zum Mittagessen und das Ebro-Delta für die Nacht. Sicher gibt es spannende Orte entlang der Küste, wenn man nur lange genug sucht. Aber ich für meinen Teil bin durch mit Touristenhochburgen und möchte am anstehenden Wochenende meine Ruhe haben. Leider fällt dieser Maxime auch ein ausgedehntes Sightseeing in Valencia zum Opfer.

▲ Bitte nicht liegenbleiben Sierra Nevada.

◀ Playa de Calblanque.

STELLPLATZTIPP
TRABUCADOR
Auf der Landzunge im Naturschutzgebiet nahe der Kitestation, die über ein Dixi-Klo verfügt – Übernachten ist zwar nicht erlaubt, aber das wird heute ignoriert.
40°37'44.1"N
0°44'29.9"E
(Wir befinden uns wieder östlich von Greenwich.)

Trabucador liegt südlich der Ebro-Mündung auf einer Landzunge, die eine Lagune einrahmt. Das Ebro-Delta ist überraschend unberührt und landschaftlich sehr schön. Rechts und links der Straße sehe ich große und schwere John-Deere-Landmaschinen, die Pflanzen scheinen aber eher knietief im Wasser zu stehen: Reis, auch das ist mir neu. Ich dachte, der kommt aus China oder von Uncle Ben aus den USA. An die Reisfelder grenzen Salinen zur Salzgewinnung, hier und da stehen Flamingos in der Gegend herum. Alles strahlt eine natürliche Ruhe aus. Smurfy und ich rollen vorbei an dem obligatorischen »Campen verboten«-Schild auf den großen Parkplatz vor der Kitestation an der Lagune mitten im Naturschutzgebiet. Hier ist es schön, hier bleiben wir jetzt das Wochenende über, denn für morgen ist Wind angesagt.

Der Sonnenuntergang über der Lagune ist gigantisch. Neben dem Naturschauspiel bildet ein flacher Holzsteg, der weit in die Lagune hineinragt, eine tolle Kulisse, und es macht wirklich Spaß, den Leuten am Ende des Steges beim Posieren für Fotos vor dem Sonnenuntergang zuzuschauen. Immer stärker zeigt sich der Herbst mit kühlen Abenden und frühen Sonnenuntergängen. Die interessanten Begegnungen am Strand nehmen ab, und ich sitze recht früh allein im Bulli und lese. Heimweh möchte ich es nicht nennen, aber das Ende des Sommers ist zu spüren, und somit das Ende der Reise. Es fühlt sich okay an.

Wind mit 28 Knoten war vorhergesagt. Aktuell ist es aber quasi windstill. Ein paar hochmotivierte Kiteschüler versuchen sich in der knietiefen Lagune. Mittags kommt kurz ein Lüftchen auf. Enthusiastisch baue ich meinen Kite auf. Der Wind trägt mich weit in die Lagune hinein, um dann wieder nachzulassen, danke dafür. Es folgt ein ausgedehnter Strandspaziergang mit dem Kite in der Hand. Ich blicke durch die Wettersituationen hier einfach nicht durch. Sie sind dominiert durch die regionalen Winde aus den Bergen wie Mistral oder Levante. Wann sie kommen, weiß niemand so genau, aber wenn, dann kommen

▲ Die Flamingos im Flussdelta sind definitiv Hingucker.

◀ Vollmond über dem Strand von Trabucador.

sie mit Macht und sind dabei extrem böig, und genauso schnell sind sie wieder weg. Gegen Abend unternehme ich einen zweiten Versuch. Ich bitte einen Spanier, mir beim Start zu helfen. Sekunden später briest der Wind auf, sodass ich mich kaum mit den Füssen auf dem Boden halten kann. Ich vergaß, die Stromleitung zu erwähnen, die längs über die Landzunge verläuft und in deren Richtung mich der Kite gerade unaufhaltsam trägt, während meine Füße drohen, den Bodenkontakt zu verlieren. Ich brülle dem Spanier entgegen, er solle mich festhalten. Sonst wird es spannend, hochspannend. Da ich nach diesem Stunt die Lust noch nicht verloren habe, lasse ich mich von ihm bis vorn zum Wasser schleifen, anstatt den Kite einfach wieder zu landen und zum gemütlichen Teil des Abends überzugehen. Es ballert einfach brutal, und nach fünf Minuten bin ich zurück, bevor mein Helfer verschwindet. Ich baue um, von zwölf auf sieben Quadratmeter, vom größten auf den kleinsten Schirm, und wieder geht es ab aufs Wasser. Wir sind gerade mal zwei Kiter und zwei Windsurfer. Aber uns gehört die Show in der Lagune, während die Sonne langsam hinter dem Berg am anderen Ende verschwindet – eine super Nummer.

Ich möchte mich weiter in Richtung Barcelona bewegen und peile Sitges an, das als interessantes alternatives Künstlerstädtchen und Gay-Hochburg angepriesen wird. Der Ort ist südlich von Barcelona gelegen, sehr gepflegt und lebhaft. Während der letzten Tage war der Herbst deutlich zu spüren. Zwar ist das Wetter fabelhaft, aber die frühe Dunkelheit und die Feuchtigkeit drücken auf die Stimmung, zudem sind viele Orte einfach menschenleer. In Sitges ist von alldem nichts mehr zu spüren, hier pulsiert das Leben am Strand und in den kleinen Tapas-Bars.

Der offizielle Wohnmobilstellplatz bekommt von mir eine stinkende Sechs minus, also ab auf den sehr gepflegten Campingplatz. Neben den Standardcampern sind hier auffällig viele gay couples mit Wohnmobilen anzutreffen. Hinter Smurfy steht ein abgedecktes Motorrad neben einem Minizelt. Motorrad und

KULTURTIPP
BARCELONA
Barcelona ist ein Must und eine Hop-on-hop-off-Tour sehr zu empfehlen. Für die Sagrada Família und den Park Güell sollten vorher Karten übers Internet besorgt werden. Die berühmten Ramblas laden zum Essen ein, aber Vorsicht vor Dieben!

Romantische Fotokulisse – der Steg von Trabucador. ▲

Fast fertig: die Sagrada Familia. ▶

Zelt gehören Scott, der keine fünf Minuten später bei mir auf der Matte steht. Scott hat sich vor Kurzem in Amerika, genauer gesagt: in Pennsylvania, wo er herkommt, eine Honda Pan-European gekauft, die er mit in den Flieger genommen hat, und nun ist er hier. Der Name scheint Programm, geplant sind fünf Wochen mit dem Motorrad durch Europa mit dem Ziel England. Er wolle möglichst viele Schlösser sehen. »Im Herbst?«, frage ich ungläubig. Er habe nicht in der Touristenzeit kommen wollen. Das hat er zumindest geschafft. Willkommen in Europa, er wird sich noch wundern, was so ein nordeuropäischer Herbst an Wetter auf Lager hat. Aber Scott ist witzig und erinnert mich mit seiner Glatze und seiner redseligen Art ein wenig an Danny DeVito. Morgen wolle er mit dem Bus nach Barcelona fahren und sich die Stadt anschauen.

Barcelona habe ich aus Sicherheitsgründen von der Agenda gestrichen. Zwar finde ich die Stadt beeindruckend, soweit ich mich an die Klassenfahrt in der zwölften Klasse erinnere, aber die Kriminalität, besonders in Bezug auf Diebstähle, soll extrem hoch sein, wie mir zwei Insider unabhängig voneinander berichteten. Die Variante, Scott zu begleiten, klingt jedoch attraktiv, ich werde es mir überlegen, aber jetzt erkunde ich erst einmal Sitges mit dem E-Skateboard. Herrlich, Tapas essen und endlich wieder unter Leute gehen. Ich fahre eigentlich nur zurück, weil ich keinen Pullover dabeihabe und es sehr frisch wird; ein toller Ort.

Am nächsten Morgen wache ich auf, weil jemand um den Bulli herumschleicht. »Martin, are you awake?« Es ist Scott. Not really, aber ich bin echt gespannt auf Barcelona, also los. Um 7 Uhr morgens sitzen wir im Bus, und ich hatte noch nicht einmal einen Kaffee. Bereits eine Stunde später muss ich hellwach sein, denn wir müssen entscheiden, wo wir aussteigen wollen und – noch wichtiger – wiederfinden, wo wir später wieder einsteigen müssen. Dies ist komischerweise nicht der einzige Bus in Barcelona. Der Plaça de Catalunya erweist sich als passender Dreh- und Angelpunkt für unseren Trip, ist zudem Endhalte-

STELLPLATZTIPP

SITGES

Der Campingplatz Càmping Sitges (www.campingsitges.com) ist etwa gut 20 Minuten zu Fuß von der City entfernt, mit guter Busanbindung nach Barcelona.

Carratera C, 7,
08870 Barcelona, Spanien

41°13'56.5"N
1°47'06.1"E

stelle des Busses und darüber hinaus noch Startpunkt für die in aller Welt bekannten Hop-on-hop-off-Busse. Wieso eigentlich nicht? Schneller und entspannter lässt sich eine Stadt kaum erkunden, doch vorher brauche ich einen Kaffee und etwas zu essen, sonst läuft hier gar nichts.

Scott ist einfach unglaublich, wie er in seinen Khakishorts und dem Khakihemd durch die Gegend stapft und jeden mit breitem amerikanischem Akzent volltextet. In einer Tüte in der rechten Hand trägt er seine Motorradstiefel, die geklebt werden müssen – das geht ja gut los. Google sei Dank finde ich heraus, dass es im Kaufhaus El Corte Inglés einen Mister Minit gibt. Dann besteigen wir den Hop-on-hop-off-Bus. Mich interessiert vor allem die Sagrada Família, der beeindruckende Kathedralenbau nach den Entwürfen von Antoni Gaudí, der erst im letzten Jahrhundert angefangen wurde. Als ich 1990 mit der Schulklasse hier war, stand gerade mal ein Seitenflügel. Damals war ich überzeugt: Das wird nie fertig. Aber sie scheinen seitdem ganz gut vorangekommen zu sein; es sieht zumindest schon aus wie eine Kirche. Hier und da stehen noch Baukräne, aber das sehr eigenwillige Bauwerk ist von außen weit fortgeschritten. Der nächste Einlass für uns wäre am späten Nachmittag. Egal, wir wollen unbedingt hinein, und die Zeit bis dahin können wir sicher mit Sightseeing überbrücken.

Inzwischen ist es Essenszeit. Ich habe mitbekommen, dass Scott süße Weine bevorzugt. »You know Sangria?«, frage ich ihn. »No.« Also gleich mal einen Liter bestellt. Scott ist begeistert, seine Augen leuchten. Gern hätte er noch einen zweiten, aber der Besuch der Sagrada Família drängt. So zutiefst beeindruckt war ich seit Ewigkeiten nicht mehr. Erwartet hatte ich eine komplette Baustelle. Was ich sehe, ist einer der schönsten Kircheninnenräume überhaupt, nahezu fertiggestellt. Was Glaube in Kombination mit dem absoluten Willen auch noch in unserer Zeit bedeuten kann, wird hier eindrucksvoll zur Schau gestellt. Die Entwürfe von Gaudí sind komplex-genial. Die Säulen wir-

ken wie schlanke Bäume, die mit Leichtigkeit das Dach tragen. Das Licht, das durch die Bleiglasfenster scheint, taucht den Kirchenraum in ein gelboranges Licht. Ich kann es kaum begreifen, dass ich hier stehen und dies erleben darf – was für ein Werk! Lange laufen wir durch die Kathedrale und staunen, schauen und fotografieren.

All diese Eindrücke müssen mit einer weiteren Karaffe Sangria verarbeitet werden. Es folgen noch weitere Karaffen in Rot, in Weiß, mit Kohlensäure, ohne Kohlensäure und noch eine Flasche vom Besten aus dem Corte Inglés, die wir auf der Rückfahrt aus Pappbechern trinken. Ach ja, und als Absacker im Restaurant des Campingplatzes in Sitges gibt es natürlich noch einmal Sangria. Gut, dass wir stets darauf geachtet haben, keine Fuselsangria zu ordern, sonst hätte ich den nächsten Tag garantiert nicht erlebt. Scott hat in Barcelona nun zumindest eine

WERKSTATTTIPP
GIRONA.
AUTO RENART
Unglaublich kompetenter Bulli-Experte.
Carrer Garbí, 4, 17481 Montagut, Girona, Spanien
42°01'38.3"N
2°49'12.3"E

Schnellbesohlung erhalten, und das nicht nur für seine Schuhe, sondern auch kulturell. Lustig war es, und er schläft sicher gut. Am nächsten Tag geht es mir lange nicht so schlecht, wie es nach der ganzen Sangria gerechtfertigt gewesen wäre. Ungern breche ich auf. Zwei weitere Tage Sitges würden mir sicher gefallen. Aber ich habe für 12 Uhr einen Termin bei dem Schrauber in Girona, nördlich von Barcelona, vereinbart, der die Vergaser einstellen soll. Am Telefon wurde deutlich, dass er weder Zeit noch die rechte Lust dazu hat. Da ist sie wieder, diese innere Anspannung. Ich glaube, der Zwischenfall mit der Kupplung hat mir dauerhaft zugesetzt. Smurfy, wann kann ich wieder Vertrauen in dich haben?

Die Werkstatt Renart ist so klein, dass ich mehrere Runden um den Block drehen muss, um sie zu finden. Angekommen, zähle ich einen T1 und zwei T2, alle in bestem Zustand. Nun fix den CO_2-Gehalt der Vergaser auf bummelige zwölf Liter pro 100 Kilometer eingestellt, und ich bin wieder zufrieden. Wenn das nur so einfach wäre! Der Mann hat echt Ahnung. Wie sich herausstellt, hat sein Vater bei VW in Wolfsburg gelernt und dann diese Werkstatt aufgemacht, er ist also Aircooled Experte in der zweiten Generation. Er stellt ein wenig herum und erklärt mir dann, dass ein Bypassventil am linken Vergaser kaputt sei und er den Wagen daher nicht final einstellen könne. Mittels Bremsenreiniger findet er dann noch heraus, dass einer der linken Zylinder Fremdluft zieht. Respekt! Ob ich es so bis nach Deutschland schaffe? Ja, das Auto verbrauche halt nur mehr Sprit. Das reicht mir als Aussage, also weiter nach Frankreich.

Wir fahren an einem Kernkraftwerk vorbei, das munter Kühlwasser mit dem Mittelmeer austauscht. Ich denke an die Aufnahme, die ich jüngst gesehen habe, wie sehr Fukushima bereits den Pazifik verseucht hat: rund ein Drittel der Fläche. Wenn dieses Ding hier durchbrennt, taugt das gesamte Mittelmeer gerade noch als Abklingbecken. Aber die Spanier haben die Technik sicherlich absolut im Griff.

N
W
O
S
NORDSEE
HAMBURG
POLEN
BERLIN
NIEDER-
LANDE
DEUTSCHLAND
VELBERT
BELGIEN
ÄRMELKANAL
TSCHECHIEN
PARIS
FRANKREICH
STEIN AM RHEIN
BERN
ÖSTERREICH
LAC DU NEUCHÂTEL
SCHWEIZ
ATLANTIK
ITALIEN
VALLON PONT D'ARC
SAINT MARTIN
D'ARDÈCHE
AIGUES MORTES
LEUCATE
BEAUDUC
SPANIEN
MITTELMEER

05

ZURÜCK DURCH FRANKREICH

RESTAURANT
"Les Templiers"
Cuisine
du Marché

MIT VOLLGAS RICHTUNG NORDEN.

Leucate ist einer der Kite-Hotspots in Frankreich. Ich stelle fest, dass ich mich erst einmal wieder auf Frankreich eingrooven muss. Täusche ich mich, oder sind die Menschen auf der anderen Seite der Grenze wirklich so anders? Den ersten Kellner möchte ich aufgrund seiner arroganten, schnöseligen Art am liebsten gleich verhauen, und das nach knapp zweieinhalb Monaten der Entspannung. Die Menschen in der Bretagne waren viel angenehmer.

Ich finde einen großen Parkplatz direkt beim Kitecenter Le Wesh an der Lagune. 13,20 € möchte man hier fürs Parken sehen, dafür gibt es Wasser, WLAN und ein WC. Meinetwegen, ich zahle und fahre durch, an riesigen Wohncontainern vorbei. Unten in letzter Reihe stehen die Bullis. Da will ich hin, aber von hier aus geht das nicht. Jetzt erst sehe ich, dass es sich dabei um einen separaten Parkplatz handelt, zwar mit Höhenbeschränkung, aber gratis. Mir fliegt schon wieder der Draht aus der Mütze. Das WC ist nicht aufzufinden, das gratis WLAN ist genau zehn Minuten gratis, und es gibt einen Wasserhahn, der dafür kameraüberwacht ist. Am aufwendigsten an dem gesamten Stellplatz scheint mir das Kassiersystem am Eingang zu sein. Egal, ich baue auf und gehe erst einmal kiten. Leucate ist ein bekannter Starkwindspot, und es ballert gerade wie verrückt. Es ist sehr böig, aber das kenne ich ja inzwischen schon. Ich schieße einfach mit Vollgas hin und her – erst mal die Nerven beruhigen.

Das Kiten ist hier lange nicht so gut wie am Atlantik, das Wasser meist ruhig und die Leute sind nicht so entspannt. Oder habe ich einfach nur genug? Es zieht mich zurück in die Heimat, trotz der Ungewissheit und all den Herausforderungen, die dort auf mich warten. Was ist es, das mich nach Hause treibt: die Dauer der Reise, die Gegend oder der nahende Herbst? Kaum habe ich diese Gedanken formuliert, da fällt mir auf, dass doch noch ein Strand fehlt: Beauduc. Das soll der letzte Strand meiner Reise sein.

◀ Aigues-Mortes, eine Stadt mit Geschichte.

STELLPLATZTIPP

LEUCATE

Direkt vor dem Kitecenter Le Wesh. Südlich an dem großen Parkplatz vorbei führt der Weg zum kostenfreien (aber höhenbeschränkten) Parkplatz. Die Lagune eignet sich gut zum Flachwasserkiten.

42°54'45.4"N
3°01'07.2"E

AIGUES-MORTES

Vor den Toren der Stadt gibt es diverse offizielle Parkplätze, einer davon ist speziell für Camper ausgewiesen. Für 10 € die Nacht steht man hier gut und sicher.

43°33'56.2"N
4°11'45.6"E

Smurfy und ich tuckern die Küste entlang in Richtung Norden. Ich frage mich, was denn der Höhepunkt der Reise war. Rasch komme ich auf Nordspanien mit Lina und Jonas, genau die Gegend, mit der ich anfangs so gar nicht warm geworden bin. Das war nach guten sechs Wochen unterwegs. Bis dahin war alles noch ungewohnt, danach wurde es zur Routine. Und ich hatte tolle Gesellschaft … und Smurfy lief. Sicher, die Gegend bis Lissabon war auch klasse. Und Tarifa ebenfalls. Aber ich glaube, eine solche Reise macht nicht endlos Spaß, mit der Gewöhnung kommt auch die Ernüchterung.

Ich weiß noch nicht, was ich von der Gegend hier halten soll und funke Freund Jan an, der ein großer Fan der Region ist. Ich müsse unbedingt nach Aigues-Mortes, und die Carmargue mit den weißen Wildpferden sei so schön. Beflügelt von diesem kleinen Motivationsschub, steuere ich auf Aigues-Mortes zu. Die mittelalterliche kleine Stadt ist von einer soliden Festungsmauer umgeben: touristisch, aber hübsch anzuschauen. Die ganze Region ist reizvoll, nur bin ich zurzeit nicht mehr so empfänglich für touristische Attraktionen.

SANKT PETER MAL 1.000

Vom Plage de Beauduc in der Camargue habe ich schon viele Schwärmereien gehört, und viele abenteuerliche Geschichten. Wie der Strand von Sankt Peter-Ording, nur ungefähr 1.000-mal so groß. Die Zufahrt ist in der Breite durch zwei Betonmauern auf 2,05 Meter limitiert. Danach folgt eine gut 45-minütige Fahrt über eine Buckelpiste bis zum Strand – laut den Geschichten, die ich gehört habe, unpassierbar bei schlechtem Wetter.

Das Wetter ist heute super, und kurze Zeit später stehe ich vor der sagenumwobenen Breitenbeschränkung. Vor mir schraubt gerade ein T5-Fahrer seine Rückspiegel ab und lässt sich dann von seiner Freundin durch die Barrikade lotsen. Hier anzue-

▲ ◀ Der endlos weite Strand von Beauduc.

cken wäre teuer. Für Smurfy stellt all dies kein Hindernis dar, genauso wenig wie die folgende Schotterstraße. Auf dem endlos weiten Strand von Beauduc fahren wir an vereinzelten Wohnwagen vorbei. Ich parke vorn am Wasser in diskretem Abstand zu einer deutschen Wagenburg. Der feste Sand schimmert weiß vom Salz, gut, dass es weder regnet noch stürmt. Ich habe mich vorher umfassend für zwei Tage im Supermarkt eingedeckt, denn hier gibt es rein gar nichts zu kaufen. Ein weiteres Pärchen aus Deutschland schaut vorbei, und wir verbringen den Abend gemeinsam mit Grillen und Weintrinken. Den nächsten Tag beginne ich mit einer ausgedehnten Stand-up-Paddling-Tour. Hier sieht es aus wie auf einer kaum besiedelten Karibikinsel: Das Wasser ist smaragdgrün und am Strand stehen vereinzelt schlichte Holzhütten – eine friedliche Welt. Noch ein weiterer Abend in netter Gesellschaft, dann zieht es mich wieder in die Ferne, denn hier fühlt es sich doch ein wenig einsam an. Endgültig verlasse ich die Küste, die während der letzten drei Monate mein ständiger Begleiter war, und mache mich auf gen Norden in Richtung Herbst. Die weiteren touristischen Highlights der Gegend reizen mich zurzeit nicht.

STELLPLATZTIPP

PLAGE DE BEAUDUC

Am Wochenende sind hier gerne Gruppen mit französischen Jugendlichen, die Party machen. Also dort parken, wo Ihr Euch wohl und sicher fühlt und diesen schönen Ort geniessen könnt. Es gilt, ausreichend Wasser und Verpflegung für den Aufenthalt mitzunehmen.

43°24'10.9"N
4°35'23.6"E

GO NORTH

Bei meinen Strandbekanntschaften, beide Bayern und begeisterte Kletterer, erkundige ich mich nach einem schönen Stopp für den Rückweg. Die Ardèche, ein Zufluss zur Rhône, sei auf jeden Fall einen Halt wert. Idealerweise beginne man am westlichen Ende bei Ruoms und folge einfach der Straße, die sehr bald direkt am Fluss entlangführe. Ich möchte Smurfy nicht weiter belasten und frage, ob größere Hürden oder Höhen zu überwinden seien. »I wo, ois entspannt.«

Das erste Drittel der Ardèche hinter Ruoms ist gekennzeichnet von zahlreichen Campingplätzen, der Fluss übersät von Paddlern, die sich durch die Schluchten treiben lassen. Dann

Pont d'Arc (Ardèche). ▲

Romantisch: Lac d'Annecy. ▶

wird es bergig, ziemlich bergig. In Serpentinen schrauben wir uns in kürzester Zeit bis auf 400 Höhenmeter hinauf. Der Ausblick von hier oben ist gigantisch, und Smurfy macht gut mit. Aus Sicht von bayerischen Kletterern mag die Höhe nicht der Rede wert sein, aber ich wollte solche Herausforderungen eigentlich bis zu Hause vermeiden. Doch es hat sich auf jeden Fall gelohnt. Der Nachteil am letzten Drittel der Strecke ist: Es gibt keine Campingplätze mehr, da die Straße noch lange in luftiger Höhe weiterverläuft. In Saint-Martin-d'Ardèche, kurz bevor die Straße sich vom Fluss entfernt, werde ich doch noch fündig. Direkt am Wasser, mit netten Leuten und gratis – perfekt!

Mir bleiben noch zwei Tage, bis ich zurück in Deutschland sein möchte, zunächst bei Freunden am Bodensee. Der Anblick der Alpen aus der Ferne fasziniert mich, vielleicht weil ich während der letzten Monate nur Wasser gesehen habe. Wieder erhalte ich per WhatsApp einen klasse Tipp für den Mittagsstopp in Annecy, einem traumhaft schönen Ort am Lac d'Annecy im Nordwesten Frankreichs. Diese Lacs gefallen mir doch ausgesprochen gut, und so entscheide ich mich für den Lac de Neuchâtel als Nachtlager. Eine Schweizer Vignette wäre nicht zwingend nötig, die Nebenstraßen hätten uns auch ans Ziel gebracht, aber ich finde, sie macht sich gut auf Smurfys Bay Window – bei dem aktuellen Spritverbrauch ist sowieso alles egal.

Im Land, in dem die Pünktlichkeit erfunden wurde, wird zu schnelles Fahren arg geahndet. Auch das Wildcampen finden die hier nicht lustig, und ich überlege, was sie überhaupt lustig finden … Zurück in der geregelten Welt, überkommt mich wieder diese Unsicherheit. Drei Monate Sommer, Sonne, Abenteuer liegen hinter mir. Der norddeutsche Herbst erwartet mich. Weitere Pläne? Fehlanzeige. Wie lange hält es mich wohl, bis ich wieder weg möchte? Ein ordentliches Bett, das wäre schon mal wieder schön. Aber der Rest? Ich freue mich auf die Heimat, aber ich habe keine Idee, was ich mit ihr anstellen soll.

STELLPLATZTIPP

SAINT-MARTIN-D'ARDÈCHE

Kurz vor der Einfahrt in den Ort, nahe des Campingplatzes Camping des Gorges. Hier gibt es einen ausgewiesenen Parkplatz für Camper, oder man parkt direkt in erster Reihe am Wasser wild. WCs sind vorhanden, aber eine Katastrophe.

44°18'42.3"N
4°33'12.2"E

KULTURTIPP

ANNECY

Die preisgekrönte »Alpenstadt des Jahres 2012« wirkt mit ihrer Flaniermeile am See und den herausgeputzten Häusern, die sich entlang der Kanäle aufreihen, wie aus dem Bilderbuch. Sehenswert sind die mittelalterliche Burg und die spätgotische Kirche sowie die zahlreichen kleinen Restaurants in der Altstadt.

45°53'52.1"N
6°07'52.2"E

▲
Das letzte Kapitel der Reise.

STELLPLATZTIPP
LAC DE NEUCHÂTEL
La Nouvelle Plage
de Estavayer-le-Lac.
Der Campingplatz ist direkt am See gelegen und verfügt über eine Wasserskianlage, cinon Strand und ein Restaurant mit Bar.
Chemin de la Grande Gouille 2, 1470 Estavayer-le-Lac, Schweiz.
www.nouvelle-plage.ch

Estavayer-le-Lac wird mein Stopp für die Nacht. Google Maps weist einen Campingplatz direkt am Wasser mit Bar und Wasserskianlage aus: La Nouvelle Plage. Die Sonne scheint mit aller Macht, obgleich im Hintergrund über den Bergen dicke Wolken aufziehen – ein Herbsthimmel. Der Campingplatz ist weitestgehend leer, und so parke ich in erster Reihe mit Blick auf den See. Ich blase das SUP auf, fixiere eine Dose Bier mit Panzertape auf dem Deck, und los geht's auf Erkundungstour. Der See ist spiegelglatt, die Sonne steht tief. Sie gibt sich alle Mühe, mir die letzten Tage der Reise so schön wie möglich zu gestalten.

HH VW 679H

ZURÜCK IN DER REALEN WELT

Am nächsten Nachmittag rollt Smurfy vor das Haus von Svenja und Sven in der Nähe von Stein am Rhein. Von dort aus hat man einen herrlichen Blick über den Bodensee. Es fühlt sich gut an, wieder unter Freunden zu sein, und es fühlt sich gut an, wieder in einem richtigen Bett zu schlafen. Sven ist Bootsbauer und hat somit Zugriff auf alle möglichen Wasserspielzeuge. Das Thema Wasser wird mich wohl nie loslassen. Vom superleichten Stand-up-Paddling-Board über Laser-Segeln bis zu einem Waidling, einem traditionellen Langboot, lassen wir nichts aus. Drei Nächte sind die goldene Regel für den Maximalaufenthalt als Gast bei Freunden. Hier breche ich diese Regel und sitze erst nach der vierten Nacht früh am Morgen wieder auf in Richtung ziviles Leben.

Vor drei Monaten habe ich mich von meiner Familie in Velbert verabschiedet. Morgen, am 3. Oktober, wird mein Cousin dort ein großes Fest geben. Ein gutes Ziel, um den Kreis meiner Reise zu schließen. Vor mir liegen 600 Kilometer, begleitet von den wildesten Gedanken. Ich schaue in den Kalender – nichts. Wo sich vor gut vier Monaten die Termine noch im Stundenrhythmus aneinanderreihten, herrscht jetzt gähnende Leere. Während der Fahrt setze ich zahlreiche WhatsApp-Nachrichten ab und kündige meine nahende Ankunft in Hamburg an. Doch am besten komme ich erst einmal an und vertraue darauf, dass es gut wird – nein: besser, denn gut war es immer schon. Das »Hallo« bei der Familie ist groß, und es fühlt sich gut an. Für die Party müssen das einzige Hemd und die einzige Stoffhose herhalten, die ich verknittert aus der letzten Ecke des Schrankes ziehe. Sich sonnengebräunt, mit blonden Locken und tiefenentspannt unauffällig ins Bild einzufügen, wird ohnehin nicht funktionieren. Willkommen zurück in der realen Welt von geschlossenen Schuhen und geschlossenen Räumen!

▲ ◀ Bei Freunden am Bodensee.

Smurfy hat die letzten 1.000 Kilometer vom Bodensee hierher ohne Probleme überstanden. Auch der Spritverbrauch hat sich von selbst wieder eingependelt. Ich glaube, er hatte einfach nur etwas gegen Portugal, dabei kommt er von dort – oder gerade deswegen? Mein Buddy und ich. Am Nachmittag des 4. Oktober überqueren wir die Elbe, Hamburg hat uns wieder. Die Sonne scheint, als hätte sie den nahenden Regen extra noch zurückgedrängt, bis wir ankommen. Der Parkplatz vor dem Gebäude von Bilfinger ist noch frei, als ob sie auf uns gewartet hätten. Mit gemischten Gefühlen öffne ich die Tür zu meiner Wohnung. Mir wird bewusst, dass hier in Hamburg jetzt große Herausforderungen auf mich warten. Die Welt in Ehren, aber in Hamburg möchte ich leben, und hier werde ich glücklich sein. Aber: Ich habe viel zu spät aufgehört, vernünftig zu sein!

EPILOG

Einfach einen alten Bulli kaufen und dem Sonnenuntergang entgegenfahren, das ist der Traum von vielen. Ich habe meinen Traum gelebt. Doch was so einfach klingt, entwickelte sich zu einem Hindernislauf mit vielen Unbekannten. Die größte Unbekannte dabei war, wie sich herausstellte, ich selbst.

Bei meiner geringen Fachkenntnis gestaltete sich schon die Anschaffung als große Herausforderung. Bereits vor Fahrtantritt musste ich viel Lehrgeld zahlen und während der Fahrt noch mehr. Dabei bleibt anzumerken, dass ich stets alles vom Besten haben wollte: Solarpanel, Standheizung, Kühlschrank, originale Polster und vieles mehr. Erst einmal in die schönen Dinge investieren, bevor die unschönen Dinge wie Karosseriearbeiten oder Motorreparaturen anstehen, lautete die Devise. Und die unschönen Dinge ließen nicht lange auf sich warten. Neben zahlreichen kleinen Instandsetzungsmaßnahmen verweigerte Smurfy zweimal komplett den Dienst. Doch stets hatte ich das Glück, dass mir kompetent geholfen wurde und ich mein Abenteuer fortsetzen konnte.

Als ich anfing, die Reise zu planen, suchte ich nahezu panisch nach Freunden, die mich begleiten würden. Mit fortschreitender Planung stellte ich aber fest, dass mir ständige Begleitung sowohl einen straffen Zeitplan als auch persönliche Einschränkungen auferlegen würden. So beschloss ich, allein loszufahren, und hatte nur dreimal kurz Besuch von Freunden.

Einfach loszufahren fiel mir unfassbar schwer. Unsicherheit, Sorgen und Zweifel stellten sich mir in den Weg, obgleich es keinen einzigen Grund gab zu bleiben. Es dauerte dann fast sechs Wochen, bis ich meinen persönlichen Bulli-Modus gefunden hatte, das heißt: einen Zustand völliger Zufriedenheit in Form von trauter Zweisamkeit mit einem 37 Jahre alten Reisemobil. Gedanken wie »Hält der Wagen?«, »Komme ich mit der Einsamkeit klar?« und »Wieso mache ich das überhaupt allein?« gehörten nach sechs Wochen endgültig der Vergangenheit an. Ich lernte, jeden einzelnen Tag dankbar so anzunehmen, wie er kam, und Freunde dort zu finden, wo ich gerade war.

Ob Bullis eine Seele haben, kann ich nicht final beantworten. Aber auf jeden Fall hat meiner einen eigenen »Kopf«. Smurfy mochte keine Begleitung, und er mochte Portugal nicht. Dies hat er durch technische Ausfälle deutlich zu verstehen gegeben: bei meinem Besuch aus Toulouse durch einen kleinen technischen Defekt, bei den Besuchen aus Deutschland jeweils durch eine Woche Komplettausfall – vorzugsweise beginnend an einem Freitag vor einem langen Wochenende. Nach der großen Instandsetzung in Südportugal fragte ein Freund, ob er mich besuchen dürfe. Ich winkte energisch ab: »Er läuft gerade so gut.«

In Tarifa – am ideellen Ziel der Reise – angekommen, überlegte ich ernsthaft, die Fähre nach Tanger/Marokko zu nehmen. Die Versuchung war groß, aber ich hatte den südlichsten Punkt des ADAC-Versicherungsgebietes erreicht und wollte mein Schicksal nicht unnötig herausfordern. Zudem spürte ich nach gut zehn Wochen, dass meine Neugier nach neuen Zielen und neuen Bekanntschaften nachließ. Routine kehrte ein, begleitet von den ersten Vorboten des Herbstes.

Oft werde ich nach dem schönsten Abschnitt der Reise gefragt. Dies war eindeutig die Zeit im Norden Spaniens, nach knapp sechs Wochen auf Tour: in einer tollen Landschaft, in großartiger Gesellschaft und bei perfektem Wetter. Lange vor der Reise hatte ich die grobe Route und einen ersten Zeitplan auf ein Blatt Papier gekritzelt. Diesen Plan habe ich, obwohl unbeabsichtigt und trotz der technischen Zwangspausen, praktisch genau so umgesetzt. Gute drei Monate hatte ich geplant, und die reichten mir auch. Dabei wurde mir der Bulli nie zu klein, zu langsam oder zu unbequem. Ich begann jedoch, mich in den zunehmend länger werdenden Nächten zu langweilen und entwickelte auch ein wenig Heimweh.

Smurfy hat mich wieder zurück nach Hamburg getragen, wie es sich für einen echten Kumpel gehört. Durch ihn habe ich auf der Tour viel gelernt, über alte VW-T2-Bullis und vor allem über mich: meine Art, auf andere Menschen zu wirken, meine Vorurteile und meine Definition von Glück. Jetzt gilt es, das Gelernte in den Alltag zu integrieren und die Leichtigkeit eines Roadtrips mit dem Bulli an jedem Tag zu entdecken. Und am meisten freue ich mich auf die nächsten Ausfahrten mit Smurfy an die Nord- und Ostsee.

Back in town. ▶

Original
THE ONE AND ONLY RIDE
SMURF

Bibliografische Information der Deutschen Nationalbibliothek
Die Deutsche Nationalbibliothek verzeichnet diese Publikation
in der Deutschen Nationalbibliografie; detaillierte bibliografische
Daten sind im Internet über http://dnb.dnb.de abrufbar.

1. Auflage
ISBN 978-3-667-11249-1

Lektorat: Katja Ernst, Niko Schmidt, Hanno Vienken
Fotos Einband: Vorderseite: Marco Igel (www.igeldesign.com); Rückseite: Martin Röhrig
Innenteil: Alle Fotos von Martin Röhrig,
außer: S. 30 u. (Mauritius Images); S. 66/67, S. 140 u., S. 154/155, S. 193 u. (Shutterstock);
S. 124/125 (Marco Igel); S. 182 (Hannes Beck, Hamburg), S. 191 (Julie Baaske, Göttingen),
S. 48, Zitat aus: »Stufen«, aus: Hermann Hesse, Sämtliche Werke in 20 Bänden. Herausgegeben
von Volker Michels. Band 10: *Die Gedichte.* © Suhrkamp Verlag Frankfurt am Main 2002.
Alle Rechte bei und vorbehalten durch Suhrkamp Verlag Berlin.
Karten: inch3, Bielefeld
Einbandgestaltung und Layout: Felix Kempf; fx68.de
Lithografie: Mohn Media, Gütersloh
Gesamtherstellung: Print Consult, München
Printed in Slovakia 2018

Delius Klasing Verlag
Siekerwall 21, D - 33602 Bielefeld
Tel.: 0521/559-0, Fax: 0521/559-115
E-Mail: info@delius-klasing.de
www.delius-klasing.de

FSC www.fsc.org MIX Papier aus verantwortungsvollen Quellen FSC® C084279

#meinfernwehbuch

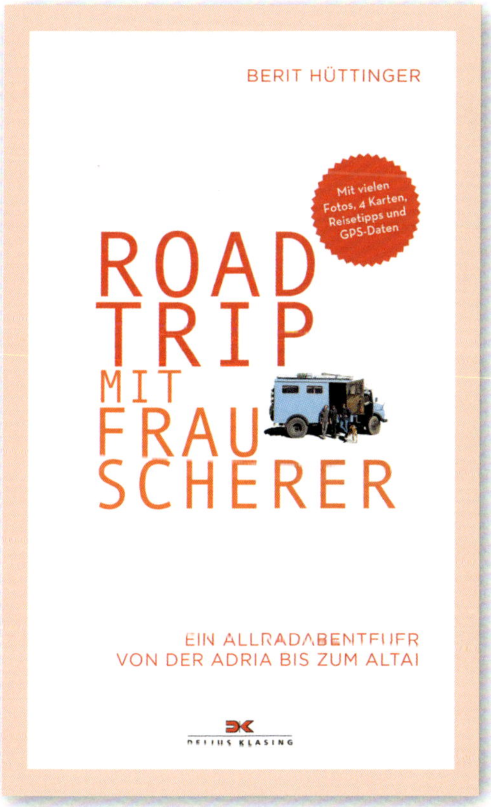

Auch als eBook

Berit Hüttinger
Roadtrip mit Frau Scherer
Ein Allradabenteuer von der Adria bis zum Altai
ISBN 978-3-667-11407-5

Als Berit und Heppo Hüttinger bauen ihren fünfzig Jahre alten Mercedes-Benz-Rundhauber „Frau Scherer" um zum Wohnmobil. Gemeinsam mit Freund Matthias und Hund Sidi geht es los: Ein Jahr lang reisen sie über Turkmenistan, den Iran und Oman bis nach Kirgistan in Zentralasien.

Die Reise eröffnet der kleinen Gruppe einen ihr bisher unbekannten Teil des Erdballs. Begleiten Sie die vier auf Fahrten über spektakuläre Highways, durch atemberaubende Landschaften und auf Ausflüge zu Pferde. Dass das Leben auf zehn Quadratmetern in einem betagten Allrad-Wohnmobil nicht immer ein Zuckerschlecken ist, wird dabei auch nicht verschwiegen. „Frau Scherer" ist nicht die Pflegeleichteste und belastet die Nerven der Reisegruppe durch allerhand kleine und große Wehwehchen.

DELIUS KLASING

WELTENBUMMLER

Auch als eBook

Bruno Blum
Der weiteste Weg
Mit dem Campingbus bis Australien
ISBN 978-3-667-10914-9

Bruno Blum ist ein Weltenbummler. Tief verwurzelt in seiner schweizerischen Heimat, zieht es ihn doch immer wieder hinaus in die Welt. Zweimal hat er bereits mit dem Motorrad die Welt bereist – alleine. Diesmal macht er irgendwie alles anders. Nimmt zwei Räder mehr mit, und vor allem: seine Freundin!

Dieses Abenteuer-Buch erzählt die Geschichte von einer Reise, die mit dem Campingbus über die längste Strecke führt, die man sich aussuchen kann: Von der Schweiz bis nach Australien. Yvonne und Bruno erleben dabei faszinierende Natur, überfüllte Städte und immer wieder tolle Begegnungen. Und lernen viel Neues auch über sich selbst, denn zwischendurch muss Yvonne zurück in die Schweiz, Bruno reist alleine weiter – und fragt sich plötzlich, wie er das Alleinsein auf seinen Motorradreisen überhaupt ausgehalten hat ...

AUSRÜSTUNGSLISTE

SPIELZEUGE

12.6-Fuß-inflatable-SUP
5.9-Fuß-directional-Kiteboard
135-cm-bidirectional-Kiteboard
3 Slingshot-Kites (12 m^2, 9 m^2, 7 m^2)
1 Pumpe für Kite, SUP & Co.
E-go elektrisches Skateboard

BULLIAUSSTATTUNG

Lamzac-Luftsack
Klappstuhl/Klapptisch/Falthocker
Gasgrill
LED-Außenleuchte von Fatboy
Tablet-PC mit Tastatur
Bluetooth-Drucker
Werkzeugkasten
Keilriemen, Gaszug, Kupplungszug
Solardusche
Bluetooth-Lautsprecher
Kamera
Selbsthilfebuch T2-Reparatur,
»So wird's gemacht«, Band 18

BESONDERE EINBAUTEN

100-Watt-Solarpanel
MPPT-Laderegler mit Bluetooth
15 A Batterieladegerät
120-Ah-Gelbatterie
40-Liter-Kompressor-Kühlschrank
3,6-kW-Standheizung
Retro-Radio mit Bluetooth
kleiner Safe

KLAMOTTEN

1 Jacke
2 Pullover
8 T-Shirts
1 Hemd
2 lange Hosen
2 Boardshorts
1 kurze Hose
1 Lycra
1 Neo lang 2 mm
2 Paar Flip Flops
2 Paar Turnschuhe
2 Handtücher

KULTMOBIL

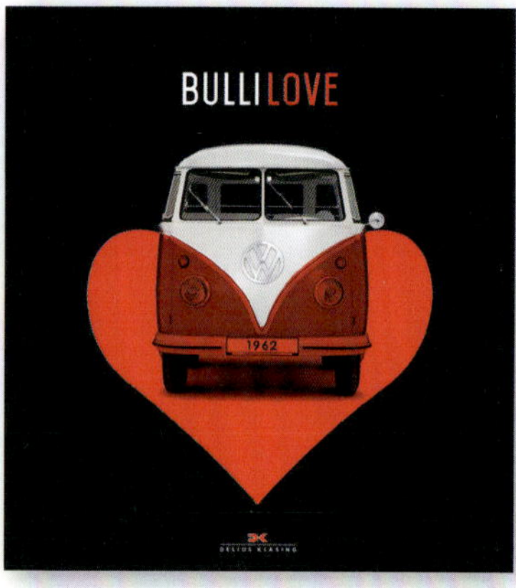

Kein anderes Automobil hat über Generationen so viel Sympathie geweckt wie der Bulli – eine Liebesgeschichte mit immerwährendem Happy-End.

Dieses Buch widmet sich den Liebenden, den Bulli-Besitzern – weltweit. Es ist eine Hommage an die Freiheit und an den Mut, Charakter zu leben. Ob in China oder den USA, ob in Großbritannien oder Japan, ob in Australien oder in seiner Heimat Deutschland: der Bulli verbindet – und er erzählt unendlich viele, sehr persönliche Geschichten.

ISBN 978-3-667-10303-1

Der VW Bus Bulli ist Kult. Menschen auf der ganzen Welt lieben den Klassiker von Volkswagen. Doch den beliebten Camper gibt es in auch in außergewöhnlichen Varianten! Norbert Nettekoven hat sich auf die Suche gemacht. Was er gefunden hat, lässt das Herz von Bulli-Fans höher schlagen!

Es gibt Oldtimer VW Busse und neue VW Multivan Modelle zu bewundern. Sie werden staunen, was man mit einem Bulli Bus alles anstellen kann: stretchen oder kürzen, polieren oder lackieren, höher- oder tieferlegen. Den Ideen für den VW Bus sind keine Grenzen gesetzt!

Auch als eBook

ISBN 978-3-667-11238-5

DELIUS KLASING